送別の餃子《ジャオズ》

中国・都市と農村肖像画

井口淳子　イラスト／佐々木優

灯光舎

はじめに

日本では「やさしい」ということばが好まれる。「やさしい人に育ってほしい」、「心やさしい」などと頻繁に使うことばだが、中国語にはこの「やさしい」にあたる単語がない。近いことばとして「親切《チンチエ》」、「温和《ウェンハー》」、「老実《ラオシー》」などがあげられるが、いずれも親切、おだやか、誠実といった意味で、やさしい、にぴったり一致しない。

なぜだろうか。

中国ではやさしさという曖昧なものを必要としないからだと思われる。きびしい気候風土と生存競争のなかで、生きるか死ぬかという局面にさらされてきた人びとにとって、他人にやさしさを求めたり、自分が他者にやさしくしたりする必要はないのだ。ところが、わたし自身、何度も中国で人の温情に触れ、助けられてきた。もし、中国のどこかで本当に困り果てていたなら、すぐに周囲の人が身振り手振りで助けてくれると断言できる。外国人だからといって無視したり、困っているのを放っておいたりすることは絶対ありえない。その理由は一言でいうなら相手が自分と同じ「人《レン》」だからだ。同じ国、同じ町の住人という以前に同じ「人」であるという大きな前提がある。その構えの大きさ、おおらかさゆえにわたしのような体力も語学力もない者がこれまで中国に通うことができたのだと思う。

さて、この本のテーマは「中国」ではなく、あくまで「人」である。それもよくありがちな「中国人とは○○な人びとである」と一くくりにする中国人論ではなく、わたし自身が中国で出会ったあまたの人びとのなかで、今なお記憶のなかでひときわ光を放ちつづける個々人についての本である。

思い返せば民族音楽学を学ぶ大学院生であった一九八七年以来、三〇年以上ものあいだ中国に通い農村や北京、上海などの大都市で短期、長期の滞在をくり返してきた。それらは一過性の旅ではなく、研究のためのフィールドワーク（現地調査）であった。旅とフィールドワーク、どちらにも現地の人との出会いがある。旅の出会いではお互いが相手を気に入らなければ付き合わなくてもよい。しかしフィールドワークでは長期間、かつくり返し訪問するなど交流が長くつづき、またお互いに気に入らない、ギクシャクすると感じても、関係は一定期間つづくことになる。この、相手にとってなかば強制的な関係からして、フィールドワークは対等な関係ではなく、調査する側とされる側の力関係は植民地主義的だと批判されつづけてきた。勝手にやってきて一方的に調査し、一方的に書いて発表する、その行為への批判をフィールドワークは背負っている。

もうひとつ、旅でもフィールドワークでもない出会いとして、ビジネスがある。一〇万人ともいわれる日本人中国駐在者も現地の人びとと長期にわたり密に接することになる。この場合、ビジネス・パートナーとして目の前にあらわれる相手はある特定の業種や資格をもつ人に限定され利害関係の枠組みをはずすことはできないであろう。

こう考えると、フィールドワークとはなんと牧歌的で無限の可能性を秘めた出会いの場なのかと思う。フィールドワークという通行証をもってすれば、その地について何も知らない赤ん坊のような状態から根気強くありとあらゆることを現地で教えてもらうことも不可能ではない。うまくいけば異文化研究の最強の方法だが、よき時、よき人、よき村やコミュニティにめぐりあうという幸運に恵まれれば、という条件がつく。

さて、フィールドワークで出会った人びとの記憶、それはわたしの場合、三〇年を経て、薄れるどころか、ますます鮮烈に思い起こされるようになってきた。この一〇年ほどを上海、それも租界時代というアヘン戦争以来一〇〇年間、英仏など西欧列強が支配した時期の資料調査に費やしたことも、かつての農村体験をあらためて見直すきっかけになった。

それほどまでにくり返し思い起こされる体験なのにこれまで「人」をテーマに書き、公開したことはほとんどなかった。

なぜ書かなかったのだろうか。その最大の理由としてフィールドワークは手段であり、目的ではない、という答えがある。フィールドワークをおこなう前提となるのが、研究者と現地協力者との信頼関係（ラポール）である。このラポールの構築についてはいわば個々の研究者の「秘技」とされており、文化人類学の「民族誌（エスノグラフィ）」や論文といった成果のなかで記述されることは少ない。フィールドノート（調査地での記録ノート）においても記録対象からはずされるのが、現地の人びととの生々しい関係についてである。書き記すにはあまりに微妙で、感情が絡む事象であるがゆえに無意識、あるいは意識的に記録からはずしてしまうのだ。

われわれがこの種の秘技の片鱗に触れたいと思うなら、フィールドワーカーの「回顧録」や、民族誌の「あとがき」のなかなどで読むことができるかもしれない。一般的には個々の研究者がどのように人びとと関係し、手痛い失敗を重ねながら、徐々に親密な関係になっていくのかということは、知りたいと思ってもなかなか知りえない聖域のように思う。

また、調査実施から一定の時間を置かないと書くことができない、という問題もある。わたしも今になって、一九八〇年代、九〇年代のまだ十分に社会主義的であった中国農村での体験を客観的にとらえ直すことができるようになったと感じている。渦中においては「なぜそのようなことが?」とわけがわからなかったことが今となってはストンと理解できることも多い。

本書では、これまで学術論文や研究書で書くことのなかった、忘れがたい人びととの記憶の一コマ一コマを文章でよみがえらせようとした。だからといって甘い感傷にひたるようなものではなく、失敗だらけの苦い体験のなかにぽっかりと薄日がさすような、そんな記憶だ。

中国で出会った人びとについて書きたいという衝動はじつのところ今から一七年前のドイツ滞在時、半年間の研究休暇中にわたしのなかで膨らみはじめていた。

実際、本書の基になった草稿は、二〇〇三年の春、ドイツ西部のライン河が流れるボン[1]という古都の大学宿舎で教会の鐘を聴きながら書きはじめたものだ。当時、ボン大学を拠点に、ヨーロッパのあちらこちらに所蔵される中国の鼓詞《クーツー》（語り物）の刊本を探すことになり、それまで、頭のなかの地図が中国と日本のみであったわたしに新たな転機が訪れたように感じていた。けれども滞在の時間を重ねるにつれ、あることにはた、と気がついた。それは、「ヨーロッパではこの先、どのように滞在年数を重ねたとしても、中国で経験した、人びととの濃密で心揺さぶられるような交流を体験することはないだろう」ということだった。ことばの問題とか、文化的距離とかそういったハードルはあるとしてもそれだけが要因ではない。中国の村々や街で目にした混沌と矛盾、人びとのむき出しの感情、みずからの心の振幅、そういったすべての経験が、ドイツのように人と人が価値観を共有し、法を守り、すべてがきちんと整理された国に身を置くことで、あらためてかけがえのない体験だったと思えてきた。

中国農村での、あるときは身を震わせて怒り、またあるときは涙を滂沱と流した日々。わずか二日にもみたない出会いと別れであったにもかかわらず、今なおその声や表情までもがよみがえるひとりの男……。

[1] 西独時代の首都、ベートーヴェンの生地としても知られる。

それにしても、あらためて一九八〇年代から今までを振り返ったとき、この三〇年あまりは中国未曾有の変化のときであったと感じる。

たとえば、上海。一九八七年に最初の調査地に選んだのが、上海、蘇州の近郊農村だった。農村は言うに及ばず、上海のメインストリートである南京路でさえ、夜は街灯が数えるほどしかないため暗く、上海のシンボル的建築、和平飯店の前で撮影した写真にはグレーや紺の簡素な洋服を着た老若男女が写っている。一九九〇年代までは日本のほうが先進国と思っていたが、二〇〇〇年代に入ると上海はみるみるうちに未来都市へと変貌をとげ、あっさりと日本の大都市を追い抜いていった。

そういえば、かつては日本から中国に出かける場合、旅費や滞在費は言うまでもなく自己負担、向こうから人を招聘する場合は全額を日本側が負担するのが暗黙の了解だった。それが今では完全に逆転し、中国から高額の講演料が支払われたり、こちらが旅費込みで招待されたりする状況になっている。昔ながらの経済的優越感をもって中国に出かけるなら、かなりの落ち込みを体験する羽目になる。

農村の変化も都市にひけをとらない。ある村や街の様子を探るべくインターネットで情報を探すと、「これがあの街？」と目を疑うようなビルが林立する写真が出てくる。また通信アプリでどのような奥地の知人とも簡単に連絡をとることができる。かつては村から十数キロ先の郵便局まで出かけ電報を打っていたのに、固定電話という段階を経ずにいきなり電報から携帯電話に移行したのだ。自嘲的に「われわれの村は落後《ルオホウ》（どうしようもなく遅れている）だ」、と農村幹部が首を振りつつ嘆いていた農村は表面的には過去のものになった。

それでも、そう簡単に変わらないのが「人」なのだ。

本書では論文の際と同様にできるだけ正確につづるために、すべての地名はそのまま記すことにした。土地の名前はたんなる記号ではなく、その土地にまつわるあらゆる記憶と分かちがたく結びついている。仮名を使うと、大切な何かが脱落するような気がしてならないのだ。ただ、登場人物については仮名を使わざるをえなかった[2]。かれらとわたしの関係は今なお進行中であり、プライベートな事柄については迷惑が及ぶことを恐れたからだ。個人的な交流を書き公開することへの不安を抱きつつも、やはり書かずにはいられなかったのがこの書におさめられた一四章である。

二〇二一年九月　井口　淳子

［2］ただし、ご本人からの申し出により仮名でなく本名に変更した箇所がある。

目次

III　番外編

序　まだはじまっていないころのお話

二〇代なかばに、目に見えない力に導かれるように河北省の村々に「縁」ができた。長年にわたり調査のために通いつづけているうちに、当初は見えなかった日中戦争の傷痕を目にするようになり、親しくなった村人からポロリと戦争の話題が出てくることもあった。そのとき、はじめて思い至ったのだ。

「ああ、そういえば、わたしがはじめて中国を訪ねたのも戦争が縁になっていた」と。

大学二年（二〇歳）のとき、生まれてはじめて海外旅行に出かけることになった。学生のわたしに不思議な依頼が舞い込んできたのだ。

父が仕事で知り合った個人経営主Yさんが中国旅行の同伴者を探しているという。Y

さんは戦時中、徴兵され満州に赴いた元陸軍兵で、敗戦後、松花江《ソンホアジアン》沿いの佳木斯《ジャムス》というところから七、八〇〇キロを歩きつづけて大連近郊の農村まで逃げ落ちた。そんな彼をみずからの危険をおかしてまで二年間かくまってくれた農民がいた。「かくまう」ということばは正確さに欠ける。Lという農民は親分肌で肝っ玉のすわった男だったらしい。逃亡兵を見て（Y氏は大柄な体格であった）「これは労働力になる」、と考え彼を作男にした。

「二年間の労働はきつかった……」とYさんはつぶやいた。しかし、命の恩人であることにかわりはない。事業も軌道に乗った今、その恩人にぜひとも会いに行きたいという。何せ行き先が外国人に開放されていない「農村」であるため夫人も行きたがらず、同行者がいなくて不安なので、旅費は自分が負担するから付き合ってくれないか、という話だった。個人旅行がままならない一九八一年当時の中国旅行はとても高くついた。旅費が「タダ」というのにつられて、わたしともうひとり、年配の婦人が同行することになった。

一九八一年の冬というと、北京は色彩のない灰色の街であった。文化大革命[1]（以下、文革）が終了してまだ五年ほどしか経っていなかったわけで、観光地にも外国人はもとより人の姿は少なく、大連でデパートに入ると、なんの変哲もないわれわれを見るた

[1] 一九六六年から一九七六年までつづいた政治闘争。伝統文化の破壊や知識人弾圧など一〇年にわたり中国全土を混乱に陥れた。

めに人垣ができたほどである。大連の通訳の女性は開放県ではない金州に入るためにいろいろと手を尽くしてくれた。

ところで、「農村」と同じ漢字を使うものの、日本の農村と中国の農村《ノンツン》はまったく異質である。まず、中国では戸籍が農村戸籍と都市戸籍に分かれている。農村に生まれたなら一生涯、農村を離れることはできない。例外として大学進学や解放軍への入隊があるが、基本的に農民はずっと農民であり、出稼ぎで都市に出たとしてもそこに戸籍はなく、「農民工《ノンミンコン》」とよばれ劣悪な条件で浮き草のように暮らすしかない。そういう制度がない日本で抱く農村のイメージ、つまり都市で疲れた人びとが自然を求めて農村に移住、といったユートピアとは真逆のイメージで中国農村はとらえられている。実際には農村にしかない豊かさがあるにしても、農民には外見、話すことば、習慣、仕草など一目で都市民ではないとわかる特徴がある。

日本にも愛読者が多い世界的作家、莫言《モーイエン》[2]や閻連科《イエンリエンカー》[3]は農村で生まれ、山東省や河南省の貧困村を舞台に数々の傑作を生み出した。どの作品にも濃厚な農村の空気と農民の心性があふれている。中国ではこういった作品を「郷土《シアントゥー》文学」とよび、郷土作家とかれらをよぶことで都市小説と区別している。都市小説が自由でときに孤独な生活、

[2] 一九五五年山東省高密《カオミー》県生まれ。作品は故郷の高密県と密接に結びつき、農民の過酷な運命や心性を幻想的に描き出す。二〇一二年、ノーベル文学賞受賞。

[3] 一九五八年河南省生まれ。極貧の農村生活を題材にするが、過酷さだけではなくそこにある美や善をユーモアをもって繊細に描き出す。中国国内では発禁になっている作品も多い。

恋愛を描くのに対し、郷土小説では貧困ゆえの悲劇や悲喜劇、とくに因習や無知ゆえのどうしようもない現実と諦観が胸に迫る。中国農村に通うようになってはじめて中国には厚い壁で仕切られけっして交わらない世界、都市と農村があることを実感することになる。

さて、大連では地方政府の許可を待つ時間がつづいた。ようやく「日帰りで」、という条件つきでYさんとわたしたちは目的の村をたずねることができた。村に到着してみると、彼が探していた恩人はすでに亡く、彼の弟ふたりが中心になり一族総出で歓待してくれた。弟たちも若いころ二年間、ともに畑を耕した日本人に再会できたことが心底うれしかったようだ。わたしたちはオンドルの上に所狭しと並べられた料理のもてなしをうけた。村を離れるときは分厚い綿入れを着込んだ全村民が見送ってくれた。

忘れられない光景がある。

われわれが大連を離れるその夜遅く、恩人の弟ふたりとその家族が大連の街の中心にあるホテルまでたずねてきた。かれらは二〇キロ以上の遠い道のりをトラクターに乗り一日がかりでやってきたのだ。長い語らいののち、かれらを見送るために、雪が降りしきるなか、ホテルの前の真っ暗な道に立った。かれらはなかなか立ち去ろうとしなかった。

Yさんはついには泣きながら「回去吧《フイチバ》（帰りなさい）！」と大声を出した。彼は長いあいだ、自身の心の奥深くに封印してきた中国語を、この旅のなかで突然思い出していた。

振り返り、振り返り弟たちは雪の夜道を遠ざかっていった。

しかし、この旅行はわたしにとっては一過性のものにすぎなかった。しかもガックリしたのは大学で第二外国語として学んだ中国語が現地でみごとに役に立たなかったことだった。とくに、わたしが話すことばは、有気音と無気音の区別やそり舌音といったそもそも日本語にない発音が中途半端で、何を言っても相手は困った表情をした。初級者なのであたりまえではあったが、中国語の発音がいかに手ごわいかを痛感した。だからといって帰国後、語学勉強に力を入れるわけでもなく、旅が終わると大連のことは遠い思い出になり、二〇代の前半はあわただしく過ぎていった。

中国と何の関わりもない音楽教育の課程で大学院を修了してから、方向転換をしてそれまでとは別の専門分野に進むために新たな大学院に入学した。「民族音楽学」という専門分野は長期のフィールドワークを必須としており、どこを「フィールド（調査地）」として選ぶかは研究人生を左右するとても重要なポイントである。わたしはその当時、どうしてもここを、という地域をもっていなかった。だから、素直に指導教授の「君は中国語ができるのだから中国をやってみては」というアドバイスに従った。中国語はとても「できる」という水準ではなかったがなぜか細々とつづけていた。

このとき、教授は「中国」といっただけで「中国農村」とは言わなかった。しかしわたしは中国＝中国農村と考えていた。この点は、すでにあの大連での体験が影響していたのだ。その当時は気がつかなかったけれども……。

こうしてわたしの行き先が決まった。

I 河北省編

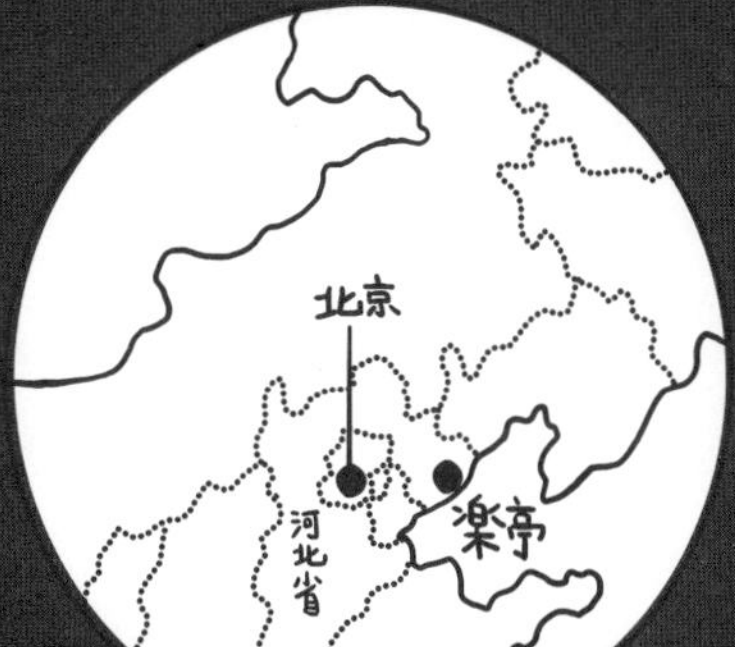

第一章　老師的恋

学校の先生を含めるなら「師」をもたない人はいない。わたしにも恩師と仰ぐ方が幾人もいる。しかし、異国に師をもつ人は少ないだろうし、さらにその師によって人生を決定づけられたという経験をもつ人はかなりめずらしいだろう。

わたしの農村調査はある「老師《ラオシー》」との出会いからはじまった。そしてその師には地元の人で知らない人はいないというある事件が終生つきまとっていた。ただし、その事件は本人にとっては周囲が思うほどには大ごとではなかったのかもしれない。ともかく、老師について語るにはこの不思議な事件についてもお話しすることになる。

忘れもしない一九八八年六月、北京駅から旅がはじまった。まず西の石家荘《シージアチュアン》に向かい、次は東に戻り天津を経て唐山市《タンシャン》に到着。そこから先は鉄道がないので駅前で一泊し、翌朝、楽亭《ラオティン》県から迎えの車が来ることになっていた。

　文献だけを頼りに調べていた語り物芸能「楽亭大鼓《ラオティンタークー》」をじかに見、聴く日がいよいよ近づいてきた。大鼓《タークー》とは、鼓を打ちながら三国志演義などの物語を歌い語る芸能で、北京、河北省などに数多くの曲種があり、その土地土地の方言の抑揚をもとにして旋律ができている。曲種として有名なわりには、上演の様子などは国内外でほとんど知られていなかった。

　確たる現地の情報も得られないまま、大学院生だったわたしのはじめての中国農村調査がはじまろうとしていた。

北京から秦皇島への列車
朝8時30分に北京を出発する列車の中は
夏に秦皇島(チンホワンタオ)へ出かける
軟席(指定席)の金持ち客と硬席と
呼ばれる自由席に座る農民にきっちり
分かれている。どちらも列車の中にマイカップを
持ち込み、熱い茶を喫し、ゆで卵やカボチャの
種を食べながら おしゃべりに興じている。

「ようやく楽亭県に行ける」とわたしは大きく息を吸った。北京の商社に駐在する知人のホテルに居候させてもらう窮屈な日々がもう一〇日以上もつづいていた。北京ではありとあらゆる人から農村の条件の悪さを吹き込まれていた。とくに口をそろえて「衛生条件が悪い」と忠告するのだった。ひとりでは危ないと北京から同行してくれることになった楊《ヤン》さんにいたっては小さな瓶にアルコール漬けの綿を持参していた。たしかに、長距離列車のなかでこの消毒綿は役に立った。列車内のトイレでは手を洗う水が一滴も出なかったからだ[1]。

大陸のからっと涼やかな初夏の朝、わたしは楽亭県からの出迎えの車に乗り込んだ。四時間の道のりを唐山市まで迎えにきてくれたのは楽亭県のお役人、文化行政機関「文聯《ウェンリエン》」主席の高老師《カオラオシー》だった。

中国語の老師ということばに老人の意味はなく、先生に対する敬称として年齢、性別に関係なく使われる。若い女性教員も子どもたちから老師と呼ばれる。ただし、やはりそれなりの年齢の男性、とくに学識をそなえた男性にしっくりなじむ敬称ではある。

高老師は、当時四六歳だったはずだ。二七歳のわたしからみるとすでに老境に差しかかっているように見えた。服装といい、陽に焼けシワが刻み込まれた顔といい農民以上に農民らしい外見であったが、眼差しだけが違った。人の心の奥まで見透すかの

[1] あとで汽車は水が出ないのがあたりまえで、時には蛇口すらつけられないトイレも多いこと、つまり用足し後の手洗いが想定されていないことに気づいた。

ような鋭い眼光が唯一、彼がただ者ではないことを証明していた。

わたしは彼がしゃべる楽亭方言を聞きとれなかった。鼻音が強く、声調（抑揚）も第三声がやたら多い彼のことばは、「話していても歌っているかのよう」と評される典型的な楽亭方言だった。彼は文聯主席という県の文化行政のトップの地位にあったわけだが、どこにも役人臭のない「自由人」だった。彼の口癖「わたしには何も怖いものがない」という精神はその当時から健在だった。

そんな彼も県のはるか上、「省」の文聯から押しつけられた日本の学生の世話を断りきれなかったようだ。自分の時間を削って、この夏は、毎日わたしの調査のお守りをする羽目になった。[2]

農村地域では、外国人はすべての行動を監視下に置かれる。必然的に宿泊は県城《シエンチェン》（県の中心街）にある賓客用「招待所」ということになる。これはきわめて非効率的だった。たとえばある村で語り物の上演があるとする。一晩の上演が終わる深夜に村からまた県城の招待所に戻ってこなければならない。タクシーなど気の利いたものが県内に一台もない当時は、県所有の車をおさえるのが一苦労だった。文聯は県のほかの部署に比べると政治力がないため車の優先順位が低かった。らちがあかないので、一〇キロ以内の近距離の場合は「自転車」ということになった。

[2] 一九八八年当時、外国人が主要都市以外の地域、ことに農村部を訪問するのは不可能に近かった。たとえ開放県であっても正式な招待状がなければ勝手に出向くことはできなかった。

ところが、日本で毎日のように自転車に乗っているわたしに、高老師はどうしてもひとりで乗ることを許さないのだ。結局、重い機材とわたしを後部座席に積んで高老師は滝のようにダラダラ汗を流しながらペダルを踏むことになった。彼はペダルをこぎながら「こんなに世話をしても、あんたは帰国したらすぐにわしのことを忘れるだろう」と毒づいた。たしかに、外国人の世話はなんの見返りもなく、「人民のために奉仕する」[3]精神を拡大解釈して、「世界中の人民のために奉仕する」くらいの犠牲精神が必要だった。

その高老師は「中国作家協会」に所属するプロの作家であった。

［3］最も有名な毛沢東のスローガン。「為人民服務」。

農村を訪れて驚くことのひとつに「わたしは作家です」と自己紹介する人の多さだ。そういう人たちのほとんどが業余《イエユィ》作家とよばれるアマチュアであり、そのなかのほんの一部にしか認められない作家協会会員となることは、正真正銘のプロ作家であることの何よりの証でありステータスなのだった。

老師は一九四二年生まれ、楽亭の県城から遠く離れた西麦港《シーマイガン》という村に生まれた。学校に通わない農家の子どもが多いなか、小学校で五年、その後、中学で三年学んだが、中学時代にはすでにこの地の芸能の脚本を書きはじめていたらしい。早熟な文学青年だった。中学卒業後、一年だけ師範学校に通い、一六歳で中学の教員になった。農村では教員が圧倒的に不足しているため、生徒とさほど年齢が違わなくとも教壇に立つことになる。中学で教えつつも彼は古典文学、芸能の脚本などを手当たり次第に古書市で買い求め独学をつづけた。劇団や芸人のために脚本を書きおろすという生活がつづくなか、文才が認められ県の文芸工作に加わるようになった。ただし、文革時にはほかの知識人同様に批判を受け大変な目にあったらしい。

彼の創作ジャンルは、歴史小説の現代語訳や純粋な創作小説、詩作など多岐にわたっていた。彼のように創作の題材を農村からとり、みずからも農村地域に住む作家は「郷土作家《シアントゥーツォジア》」とよばれる。創作のほかに、この楽亭地方で生まれた「三枝花《サンジーホア》（三種の花)」と地元で称される三種の芸能ジャンルについて、彼ほど詳しい人はなかなかいなかった。

楽亭大鼓、楽亭《ラオティン》皮影戯《ピーインシー》[4](影絵芝居)、評劇《ピンチュ》[5]という三つの芸能はすべてこの地で生まれ、育まれたのだ。それぞれ清代に文人によって書かれた脚本などが残っており、それを筆写し読み物として刊行するのも高老師の仕事であった。ちなみに、この三種のなかで評劇のみは、生まれ故郷を離れて華北全域に広がる全国区の劇種に成長していった。

ともかく、古典文学に通暁し、現地の著名な芸人と親しく接している彼は、わたしにとって申し分のない水先案内人であった。

あるとき、隣の県との境にある鎮《チェン》まで遠出をすることになっ

農村の中心街、鎮では散髪屋が野外に店を開いて大繁盛。仕上がりは悪くないらしい。

[4] 影戯は大鼓よりも歴史が古く共通する演目も多い。一〇名前後の巡業グループが戯台《シータイ》(舞台)を組み立て布幕を張り幕の裏側で人形を巧みに操る芝居である。一〇〇種を超える影巻《インチュアン》という脚本をもとに村の祝い事などの際に上演される。

[5] 河北省東部で生まれた地方劇、語り物、大鼓や民間歌舞を取り入れて、のちに京劇の影響も受けつつ華北、東北一帯に広まった。当地の実話をもとにした『楊三姐告状』など人気演目がある。

た。バスに乗り込んだとき、彼が手ぶらであることに気がついた。たしか一泊すると言っていたはず、と不思議に思った。町に着くと武装部という村を警備する幹部をたずね一夜の宿を頼んだ。こういう前ぶれなくやってくる客に慣れている男たちは手際よく酒宴の準備をし、部屋をふたつ空けてくれた。わたし自身はタオルや歯ブラシ、着替えなど持参していたが高老師は歯ブラシ一本持ってきていなかった。相変わらず呑気だなあとわたしは熟睡したのだが、翌朝、老師は憔悴しきっていた。「何かあったのですか?」とたずねるとしぶしぶ説明したのが、酒宴のあとの出来事だった。武装部というだけあって一夜の宿を貸してくれた男たちは腰に拳銃をぶら下げていた。酒の席で話題がいかがわしい方向に向かい、老師は男たちが万が一、わたしを襲ったら、と気が気でなくなった。そこで昨夜はわたしの部屋の前に椅子を置き、そこに一晩中座っていたという。普段は頼りなく口が悪い老師もいざというときには体を張ってわたしを守ってくれていたのだった。

老師とはその後も何度か泊まりがけの調査に出かけたが、カバンはやはり持たず、あるものはある、ないものはないで押し通していた。たしかに、農村では食事時になると客のために必ず食事が供されるし、眠る場所に困ることもない。わたしはといえば、自分が使うカップまでこまごまと持参し、万一に備えて護身用の小刀まで隠し持つようになった。

話はとぶが、二〇〇一年、彼がはじめての訪日を果たし、関西国際空港に降り立ったとき、さすがにこのときばかりは小さなボストンバッグは持っていたものの、まったく現金を持っていなかった。故郷での習慣がそうさせたのかどうかはわからないが、出迎えたわたしと会えなかったら、このことばの通じない日本で野宿でもするつもりだったのだろうか。

一〇日間の滞在中、彼は日本円に触れることなく過ごしたが、帰路、空港のパスポートチェックを抜けてから、急用を思い出し、わたしに電話をかけようとした。しかし、一円もない。そこで、公衆電話をかけおわったビジネスマンに電話番号を見せ、その男性に電話をかけてもらった。かくして高老師は一円も使わず、みごとに日本旅行を終えることができた。

一九八八年に戻ろう。

彼は「文聯の仕事は忙しい」と口癖のように言うわりには、優雅な毎日を送っていた。文聯とは「文学芸術界聯合会」の略称で、各県、市、省にそれぞれ置かれている文化団体である。文芸作家――公務員として処遇されていた――を擁し、かつ県内の芸能団体や個人の活動管理をおこなっている。

ある日、彼の仕事部屋を訪れた。中庭に面した文聯の事務室のなかには簡易ベッドがあり、鍋などで煮炊きもできる生活空間であった。

その一室にふたりの妙齢の女性が助手として勤めていた。彼女たちも仕事をしているというよりも、煮炊きや洗濯をしていることのほうが多かった。女性ふたりはどちらも農村にしては垢抜けた容姿をしていて村で見ることのない華やかなワンピースを着ていた。

社交的で小柄なほうが林海英《リンハイイン》、寡黙でスラリと長身なほうが劉偉《リウウェイ》といった。海英はしょっちゅうわたしが泊まっている招待所にやってきてはおしゃべりに興じ、部屋のなかの日本製品に興味

楽亭県文聯
文聯の事務所の大部屋。
夏は皆これ以上の軽装はないというほどリラックスした服装。
ランニングに短パン、足もとはサンダルという出で立ち。昼食後、
個室に置いてあるベッドで必ず昼寝をして午後の仕事にとりかかる。

津々だった。片や、劉偉のほうは一度も招待所にやってこなかった。彼女は日本人などなんの興味もない、といった顔つきをしていた。彼女の父親は県政府の要職にあり、劉家は県内でも指折りの名家で海外で成功している親戚もいると聞いた。

最初の調査で懲りたのか、一九九〇年、二度目の楽亭県訪問の際に、隣県の駅まで迎えにきた高老師の表情は冴えなかった。

彼の弱点は、中国人男性の多くがそうであるように「気の強い女性」に弱いという点だった。調査でけっして妥協しないわたしに手を焼き、しばしば「あんたは肝っ玉が太いな」と嘆息して、しぶしぶわたしの主張どおりに動いてしまうのだが、後始末がたいへんだった。前回もわたしが帰ったあと公安局（警察）から、さんざん絞られたらしい。

そのため、この年は、楽亭到着後、早々に隣の灤南県《ルアンナン》に連れて行かれた。高老師は灤南県の友人たちにわたしを託したというか、押しつけたのだった。

灤南県は現在でこそ楽亭県とは独立して一県をなしているが、昔は灤州という同一の行政域であり、文化的にも一体性が強いので、文句を言うことはできなかった。それどころか、灤南県の文化館の人たちのほうが高老師よりも親身に世話を焼いてくれ、彼のような皮肉や嫌みを言わないので居心地がよかった。わたしは人のいい灤南県の劉文化館長を説得して「探親《タンチン》（親戚、知人訪問）」ということにして招待所を逃げ出し、ある農家に住み込んだ。農家に住む、それは楽亭ではけっして実現しなかった夢であった。

一九九三年、三度目の調査のとき、わたしが出迎えを頼んだのは高老師ではなく、灤南の劉文化館長であった。彼は文化館では用意できなかった車をほかの部署からまわしてもらい、マイクロバスで「灤県」駅まで迎えにきてくれた。車中には数人の知人と知らない顔もまじっていた[6]。

しばらくお互いの近況を話し合ったあと、少し間をおいて、劉氏がエンジン音に負けないような大声で「高老師は、劉偉と、結婚したっ！」と言った。わたしは聞き違えたと思い「高老師の、「息子さんが」、劉偉と結婚したの？　長男のほうですか？　それとも次男ですか？」とたずねた。するとみんなはクスクス笑っている。もう一度、劉氏は同じセリフをくり返した。「結婚了《チエフンラー》（結婚した）」という声はわたしの頭のなかでこだました。

わたしは混乱した。高老師と劉偉が……。走馬灯のように三年前の様子が頭のなかによみがえってきた。あのとき、高老師はどこか「心ここにあらず」とそわそわしていた。劉偉を含めた三人で泊まりがけの調査に出かけたとき、彼女が夜中こっそりと高老師の部屋に行くのに気がついたこともあった。

［6］田舎ではこういうよくわからない事態、たとえば、なぜ、その人がその場にいるのか、誰も説明できないというようなことが生じる。

しかし、あの長身で色白の、二〇歳そこそこの劉偉が父親より年上の、すでに老人といってよい高老師と結婚したとはどうしても信じられなかった。第一、高老師には長年連れ添ったしっかりものの小学校教師の奥さんがいたではないか。

バスはようやく県城の招待所に到着した。そこで耳にした一部始終は驚くべき話だった。

一九九〇年、わたしが調査を終え、帰国して間もなく、ふたりの関係は人びとの知るところとなった。劉偉は激怒した父親によって自宅に軟禁された。その後、高老師の奥さんは財産のすべてを手中に離婚し、さっさと別の男性と結婚したという。

かなりの時を経て、ついに高老師は劉偉と結婚した。

しかし、その代償はあまりに大きかった。

文聯主席の地位を失い、楽亭県にもいられなくなった老師は、人びとの嘲笑のなか、劉偉と逃げるように楽亭を去った。ほとぼりが冷めるまでしばらく北京にいたようだが、劉偉はまだ文聯に職があるので、ふたりは今、県城から離れた農村に家を借りて暮らしているという。

この話に大きな衝撃を受けたわたしがふたりに会いにいくには心の整理のためにもう少し時間が必要だった。

結局その夏はふたりの家をたずねることはしなかった。わたし自身、同じ女性としてどうしてもわからなかったのだ、劉偉の気持ちが。たしかに老師は才能と知識にあふれる作家だ。しかし清潔感なくくたびれた外見に異性をひきつける魅力は感じられなかった。高老師が年甲斐もなく劉偉のために社会的地位や名誉と財産を失ったのはまだしも理解できたが。

その年は、一一月にも灤南を訪れた。さすがに今度は高老師をたずねないわけにはいかなかった。あれだけ世話になっておきながら、スキャンダルのために職を追われ、農家で隠遁生活を送っている彼をたずねないのは、わたしも冷たい「世間」の一部になっているようでうしろめたかった。

晩秋の楽亭県、ふたりが借りている一軒の古い農家を訪れた。農家の軒下には鳥かごが下げられ、カナリアが二羽美しい声でさえずっていた。その鳥かごが目に入ったとき、「ふたりは幸せなんだな」と直感した。

再会の瞬間、高老師はいきなり「あんた、老けたな、髪も少なくなった」と言った。返すことばも思いつかず苦笑するわたしに、「夏に灤南に来たらしいがわたしに連絡をしなかったのはどういうわけだい?」と早くも嫌みを言った。わたしは、モゴモゴ言い訳をしながら、しかし、相も変わらぬ彼の様子にホッと安堵していた。環境の激変によって老け込んでやつれていたらどうしよう、と心配していたのがばかばかしいほど元気だった。

買い物に出ていた劉偉がようやく帰ってきた。挨拶もそこそこに買ってきた野菜を洗い、手際よく何品もの料理をつくる彼女はすでにわたしの記憶のなかの「お嬢さん」ではなかった。身体全体に肉がつき、どっしりとした腰を見ているうちに、ふたりが夫婦であることがようやく信じられた。

それから二年後の一九九五年に灤南県を訪れたとき、劉偉は転勤を命じられ灤南県の端の端、「南堡《ナンパオ》」という海辺の漁村にとばされていた。これはふたりのスキャンダルゆえのあからさまな左遷であった。

県城からみれば南堡は人が住む場所とは考えられないくらいの辺境だった。同じ県内といってもバスも一日に一往復、片道数時間の道のりだった。

わたしはこの漁村をたずねた。農村風景がだんだん寂しい荒野のような風景に変わると、黄色く濁った泥の海が見える殺風景な村に到着した。その村に県の出張所があった。出張所のそばが職員アパートになっていたが、アパートにはトイレもなく、ゴミは各人が窓から外に投げ捨てるというありさまだった。

あいにく、高老師は出かけたところだ、と出迎えた劉偉は言った。行き先をたずねるわたしにいたずらっぽく笑いながら「高老師——彼女は結婚後もこう呼んでいた——は釣りに出かけたのよ、遊んでいるの」と言った。帰りを待ちわびて、アパートの外で待っていると、遠くから魚籠をぶら下げた高老師がこちらに向かって歩いてくるのが見えた。向こうもわたしをみとめてニヤニヤ笑っている。わたしたちは彼の獲物を夕食のおかずにして食べた。

傍目からみれば気の毒なほど侘しい漁村の生活も高老師にとってはなんでもないようだった。「魚骨書《ユィグーシュー》」なる魚の骨先に墨をつけて書く奇妙な「書法」を考案し悦に入っていた。ふたりは共著で通俗歴史小説を改編執筆し出版していた。夫婦ともに創作活動は充実していた。あれほど結婚に反対していた劉偉の両親も今では彼女を許し、実家との関係もうまくいっているようであった。ただ、高老師が先妻とのあいだに三人の子どもをもうけていたため、法律上、子どもを産むことができない、とこぼしていた。

一九九五年からしばらくしてわたしの日本での生活は激変した。それまでは大学院生、研究員と時間的余裕があったのが、一九九七年に私立大学に就職してからというものの、夏休みは事実上精神的、肉体的リハビリの時間となっていた。農村調査に出かけるにはかなりの「タフな精神」が必要だ。精神的に余裕がない状態では河北省に足を運ぼうという気すら起こらなかった。さらに、これまで集めたデータで博士論文を仕上げることや、その出版というデスクワークに仕事の重点が移っていた。そんな空白の六年を経て、再び、楽亭、灤南を訪れることになった。

二〇〇一年の夏、大学の仕事が終わるやいなや、わたしは北京行きの飛行機に乗った。北京空港からまっすぐ友人の楊さんのオフィスに向かった。彼女はすでに汽車の切符を手配してくれているはずだ。

久しぶりに会った楊さんが高老師の消息について意外なことを言った。「どうやら高老師は今、独身のようですよ。彼の家に電話をしたところ保母《パオムー》（雇いのおばさん）が出るんです。劉偉は家にいないようです」。

わたしも日本から出した手紙の返信に「今後は、劉偉の職場宛ではなく下記の住所に手紙を送ってほしい」とあったことに、何か身辺に異変が起きた、とは感じていた。

北京から灤県駅まで汽車に乗り、駅からはタクシーを使った。農村風の仰々しい公用車の出迎えをうける時代はすでに終わっていた。

なつかしい楽亭県の文聯に到着すると、ほぼすべての知人が集まってくれていた。高老師は楽亭県での「名誉回復」がなされたのか、彼がその夜の宴席での中心であった。みんなが酔っ払ったところで、自然に劉偉が高老師のところから全財産をもって出ていったという話題になった。彼女は今、再びこの楽亭県の文聯に勤めているという。酔った高老師はわたしに「劉偉に会いたいなら会わせよう」とくどくど言った。

　調査のなかほどで、高老師ご自慢の新居に泊めてもらった。中庭をはさんで二階建てと平屋がある清潔な一戸建てである。リビングには陳雲《チュンユン》[7]の直筆の書「出人《チューレン》、出書《チューシュー》、走正路《ツォウチェンルー》（人材、よい脚本、正しい政治方向）」という有名な標語が掛けてあった。ほかにも高名な作家の直筆サイン入りの本などが無造作にあちこちに転がっていた。

　彼は「今日は保母が休みだから自分が料理をする」といって麺をつくりはじめた。できあがった麺は中庭のテーブルに置かれ、まとわりつく子犬に端切れを投げながらふたりで食した。

　食後、果物の茘枝《リーヂ》（ライチ）を買いがてら散歩に出かけた道すがら、彼の口から出てくるのは劉偉の話題ばかりだった。しかし、何が原因で彼女が家を出たのかについてはけっしてふれようとはしなかった。

　その後、わたしは新たな研究テーマで忙しくなり楽亭県からしだいに足が遠ざかっていった。

「高老師が病気のため亡くなりました」という訃報を現地の作家からの手紙で知ったとき、すでに逝去から一年以上が過ぎていた。

[7] 共産党の最高幹部のひとりで文芸界に影響力をもっていた。

手紙を手に呆然としつつも、彼と出会い、ともに農村をたずね歩いた日々が鮮やかによみがえってきた。自転車の荷台にわたしを乗せ、彼がぶつぶつと漢詩をつぶやく。「この詩の意味がわかるか?」とたずねられ、「わからない」と答えると「小学生のように何も知らない」と首を振りつつペダルをこいでくれた。

最初の夏の調査が終わり、別れ際に一束の原稿を手渡された。外国からの突然の来訪者であるわたしを描いたその短篇小説を読み、彼はやはり正真正銘の作家だったのだと、その観察力と筆力に脱帽した。その小説のなかのわたしは自分自身でも気づいていない欠点と弱点が露骨に描出されていた。あまりの描写のみごとさに作家には金輪際、近づきたくないと落ち込んだものだった。

だが、つくづく思うのだ。わたしにとって「老師」とは、ほかの誰よりも高老師その人であったと。

これから先、中国でどのような出会いがあったとしても高老師以上に圧倒的な影響を与えてくれる人物はあらわれないであろう。

あの楽亭の日々、中国農村とは、農民とは、農村文化とは、と一から教えてくれた彼、わたしの目に映っているもの、文化不毛の貧しい農村は表面にすぎず、じつはとてつもない奥行きと真の価値が隠されていると教えてくれた彼。彼がいなければ農村に早々と別れを告げ大きな挫折感のなかで研究そのものをあきらめていたかもしれない。

わたしは、出会ったころの彼の年齢をとっくに超えてしまった。人生を左右する大きな決断を迫られる瞬間もなくはない。そのようなとき、「何も怖いものはない」、ということばどおりの生き方を貫いた彼に、「老師、あなたは本当に怖くなかったのですか?」と問いかけたい衝動にかられる。

第二章　北京の女人

河北農村へのふたり旅

二〇〇一年の夏、六年ぶりに楊小姐《ヤンシアオジェ》に再会したとき、彼女のそばには、瞳がくりくりしたひとり娘のポンポンがいた。すでに母親の背を少し超えており、中学一年で一七三センチになっていた。ふたりが並び立つと壁のようだ。楊小姐は北京生まれ、北京育ちのすこぶる勝ち気で頼りがいのある女性だ。そういうと「北京に勝ち気でない女性がいるの?」と切り返されそうだが、そういう意味ではごく平均的な北京の女性といえる。四六歳になる女性に小姐（お嬢さん）はおかしいが、長年の習慣はなかなか変えられない。

その勝ち気な楊小姐の「涙」をわたしは二度も見てしまった。

一九八八年、わたしは大学院で民族音楽学を専攻する修士課程の学生だった。フィールドワークの経験は奈良の山村での二週間のみ。二七歳の夏、怖いもの知らずの蛮勇だけをたずさえて「中国農村調査」に取りかかろうとしていた。無知であったことは確かだが、当時は文化人類学においてすら、大陸農村の調査は外国人に門を閉ざしていて、大陸の代わりに香港で漢民族のエスノグラフィを書く研究者がようやくあらわれてきた時期であった。したがって、わたしに向かって中国の農村はこういうところだから調査は無理だ、とたしなめる同業者はいなかった。

威勢だけはよかったが、にわか仕立ての中国語は北京ですらあまり役に立たず、都市という標準語圏を抜け出て、方言というよりも別の言語圏といってよい「農村」に行くということがどんなに無鉄砲なことなのかもまるでわかっていなかった。

当時、つまり一九八八年にはすでに「改革開放」[1]という鄧小平の掲げる政策転換がおこなわれていたのだが、対外開放の進み方は「おそるおそる、当局の顔色を見つつ」といった調子だった。外国人が地方に赴くのは、地方政府の招待があったり、しかるべき招待の単位《タンウェイ》（公的機関）が決まっているケースに限られていた。一個人が「研究のための現地調査」などと言ったところで、現地での受け入れ単位がなければ、話しは

[1] 文革後の一九七八年から鄧小平によって推進された経済政策、海外資本の導入など対外開放を伴う市場経済に向けての改革。

じまらないのだった。

北京に着いて数日後、居候していた崇文門《チョンウェンメン》のホテルに突然、巻き舌の北京語で電話がかかってきた。電話の主はわたしの父の仕事上の友人で、北京の日中合弁テレビ工場の工場長であった。彼は、わたしが明日から河北省の石家荘《シージアチュアン》市に「文聯」をたずねていく、と聞くやいなや、「ひとりでは絶対に無理だ、無謀すぎる！　工場には日本語のできる職員がいるからその人と一緒に行きなさい！」と強く諭す調子で言った。内心「おせっかいだな、ひとりのほうがマイペースで気楽に調査ができるのに」とこの工場長の申し出をありがた迷惑に思った。そして翌朝、わたしの目の前にあらわれたのが背が高く、見上げるような「楊小姐」だったというわけだ。

ふたりは気まずい雰囲気のなか汽車に乗り込んだ。わたしはもともと人見知りの激しい性格なので、初対面の人と一緒に長時間汽車のコンパートメントに乗っているのはひどく気疲れし、ほとんど口もきかず眠ったふりをしていた。楊小姐はというと、こちらも前日の夜遅く、突然、工場長からの電話を受け、ゼロ歳児の赤ん坊を早朝からバスで小一時間の実家に預けて、日本からやってきた小娘の通訳兼ボディーガードを命じられたのだから愉快なわけがない。双方とも「あの工場長め、余計なことをして」と恨みながらの車中であった。

彼女は一九五〇年代生まれの典型的な文革世代で、大学進学の道は閉ざされ、工場で働きながら、夜学で日本語を学んだ努力家であった。しかし配属された工場では、あまり日本語を使う仕事がなく、ふだんはほかの労働者と似たり寄ったりの仕事に従事していた。

汽車が石家荘市に到着すると、北京から打った電報を受け取ったふたりの研究者が出迎えにきてくれていた。温和で物静かな石光《シーグアン》老師と眼光鋭い鐘声《チョンシェン》老師であった。ふたりが連名で執筆した農村の語り物の現状を紹介した論文を読み、日本から手紙を出したことがきっかけで石家荘に赴いたというわけである。

ふたりの老師はわたしのような一介の学生のために最大限のもてなしをしてくださった。まず、「座談会《ツオタンフイ》」という会合を開き、多くの語り物研究者や現役の芸人を集めてくれた。その後、わたしが実際に調査をするのに適した地域を真剣に検討してくれた。その結果、「楽亭《ラオティン》」という地名が浮上してきた。楽はラー（ロに近いラ）と発音するのがふつうだが、ラオという発音も稀に出てくる。楽亭はラオのほうであった。この県は交通不便なことと、方言の特殊性によって、伝統的な語り物芸能が今日でも盛んであり、芸人も多く、調査に適しているということであった。石光老師は楽亭の隣の灤《ルアン》県[2]の出身であり、彼が推薦するからには間違いない、とわたしは迷うことなく楽亭行きを決意した。

［2］歴史的、文化的には灤州というひとつの地域であった。

しかし、楽亭県は石家荘から東向きに北京方面に戻り、さらにその東およそ三五〇キロに位置していた。二日がかりの移動には、河北省文聯の幹部がひとり付き添うことになった。その幹部と一緒に今度は逆方向に向かって三人で汽車に乗った。時間が経つにつれてしだいに彼が鼻持ちならない小役人であることがわかってきた。その嫌みな態度はいちいちわたしをイライラさせ、それは楊小姐とて同じ気分であった。わたしはしだいに彼女と結託してこの幹部に対抗するようになった。汽車が唐山《タンシャン》市に到着し、そこから先は鉄道がないので迎えの車が楽亭から来るのを待ち一泊することになった。かつて大地震にみまわれた唐山は工業都市であり、そこから五〇キロほど先が目的地の楽亭であった。地図で見ると渤海湾にほど近いが、日本と異なり、海岸は県城から遠く海を目にする機会はついぞなかった。

翌朝、楽亭県の公用車がホテルに到着した。「県」の幹部にとって「省」の幹部は桁違いにえらい。そのことを笠に着てわざわざ迎えにきてくれた楽亭県の人びとに威張り散らす役人の態度は目に余った。わたしと楊小姐はなんとかこの幹部を石家荘に追い返したかった。一週間ほど経ってようやく、彼が帰るときの捨て台詞は「日本人だから金持ちだと思っていたら、なんて「窮《チウン》（貧乏）」なんだ！」というものだった。彼は謝礼が目的ではるばる付いてきたものの、手ぶらで帰ることとなった。

バスを見送った日

調査の邪魔ばかりしていたこの幹部が帰ってくれて、ようやく本格的に農村をまわろうとするころ、楊小姐のタイムリミットが近づいていた。彼女は工場労働者であり、職場をそう長く休むわけにはいかなかった。一週間のあいだにわたしはすっかり彼女に信頼を寄せるようになっていた。楽亭県に来てからというもの、入れ替わり立ち替わり、さまざまな人がわたしに面会にやってきた。「何のためにかれらは来るの？」とたずねると、「あなたを見るためだ」と明快な答えが返ってきた。あたかも珍獣であるかのような言い方であった。なかには手ごわい公安局（警察）の役人もいて、「一日も早く県外に出てくれ」などと恫喝する始末だった。誰が味方で誰が敵なのかさっぱりわからず、誰が主宰しているかもわからない宴会にしょっちゅう引っ張り出された。そんななかで楊小姐の意見が唯一信頼できるものになっていたのだ。彼女もわたしに対してしだいに好意を抱くようになってくれていた。

ふたりは意外にもよく似た者同士であった。農村でふたりが好んだのは、村の素朴な人情や手料理、嫌ったのは地方幹部とかれらの宴会、と意見はいつも一致していた。

しだいに互いの恋愛話などをするほど親密になっていった。ただ、相変わらず、わたしが何を調べようとしているのかについては彼女自身まったく無関心であった。また、彼女は通訳として適任とはいえなかった。というのも、自分の関心に沿って話を脱線させるのが常で、しだいにわたしは彼女を介さず聞き取りをするようになった。筆談を交えれば、そのほうが効率的であった。

調査のために楽亭に残るわたしのことを心配しつつ、楊小姐は北京に戻ることになった。最寄りの汽車の駅までバスに乗るしかないので、バス停まで見送りに行った。彼女はそばにいた高老師――第一章のあの楽亭県の文聯主席――にわたしのことをくれぐれも頼むと何度もくり返した。高老師は少し頼りない――悪くいえば、いい加減な――ところがあるので、彼女は最後には叱りつけるような口調で年長の老師に安全面での注意を重ねていた。真剣な彼女の態度に比べて高老師はいつもの鼻に抜ける方言――楽亭方言は鼻音が強いので彼個人の責任ではないのだが――でのらりくらりと返事をしていた。バスに乗り込む最後の最後まで振り返って高老師をにらみつけ大声で「無事に淳子《チュンズ》を北京に返してください！」と叫ぶ彼女の目は真っ赤でいまにも涙がこぼれ落ちそうだった。

バスは土煙を上げて、地平線までつづく収穫間近の華北の麦畑のなかを走り去っていった。

1988年、河北省文聯の建物の前で楊さんと。
楊さんは北方人らしい大柄で、このワンピースは
お手製のもの。私（当時身長164センチ）と並ぶと
こんな具合。

北京に暮らす

結局、わたしはその年、二か月半の北京滞在中に二度にわたって楽亭県に赴き、幸運なことに語り物芸人の上演に数多くめぐりあい帰国の途についた。

帰国してから徐々にどれだけ自分が無謀であったかということをあらためて自覚した。

一九八八年当時は石家荘市のような大きな城市《チェンシー》（街）にすらタクシーはなかったし、北京から楽亭県には電話も通じなかった。事を進めるには、あらかじめ郵便局に赴き電報を打って出迎えを頼み、その人が属する機関の公用車を手配してもらわなければならなかった。同じ時期に上海で農村調査をしていた若い社会学者のグループはこういった面倒な手続きを代行してくれる研究機関に高額の謝礼を支払っていた。その金額は、当時のわたしにはとうてい出せるものではなかった。わたしは往復の航空費プラス一〇万円弱でこの一か月半の調査をまかなうつもりだった。北京では知人の部屋に居候していたし、そこがダメになると前述の工場長の自宅に転がり込んだ。本当にあの幹部が言ったとおり「貧乏な日本人」であった。

その後、一九九〇年、九三年、九五年と一定のペースで楽亭県と隣接する灤南県《ルアンナン》に調査に出かけた。すでに楊小姐はテレビ工場をやめ、貿易商社に勤めていたが、彼女との音信が途切れることはなかった。わたしはシベリアを専門とする文化人類学者と出会い結婚し、その二年後には双子の母となった。

一九九三年、生後五か月の双子を連れて北京に留学したのは、夫が北京で一年間教鞭をとることになったからだが、わたしが子どもたちと日本に残る選択をしなかったのは、中国が「育児天国」であることを知っていたからだ。

中国では若い母親が出産を機に職場を去るなどということはありえない。生後間もなく、赤ん坊を職場に併設されている保育所に預けるか、阿姨《アーイー》とよばれる保母さんを雇うことで、育児の負担を最小限にする制度が整っていた。

わたしは北京に到着すると、すぐに楊小姐に阿姨の紹介を依頼した。彼女は、経験豊かな初老の阿姨の劉さんを紹介してくれた。劉さんとその後新たに加わった陳さんのおかげで、わたしの北京留学[3]は充実したものとなった。

北京に滞在しているあいだ、わたしは楊小姐をとおして北京の女性がいかにきびしい世界で生きているのかを知ることになった。時代は一九九〇年代といえども、いまだ国営企業時代の「サービス？　何それ？」という感覚がはびこる北京であった。た

[3] 北京にある中国芸術研究院音楽研究所に研究員として受け入れてもらった。

とえば、商店の服務員が品物や釣り銭を投げてよこしたり、電話の交換手がこちらがまだしゃべっているのにガチャンと受話器を置いたり、タクシーの運転手とのあいだで頻繁にトラブルが起こったりと、数え切れないほどの不愉快なことが頻発した。それらはわたしたち旅人にとっては一過性のもので笑い飛ばすこともできる。しかし楊小姐たちは年がら年中こういったことをがまんして暮らしていた。公的なルールが機能しない中国の大都市で生き抜くためには、自分で自分を守るしかないのだ。

そんな彼女からみればわたしはまるで隙だらけの「子ども」に見えていたようだ。北京で彼女から生活上の事細かな注意を何度受けたことだろう。たとえば、こういうことがあった。

一九九三年当時、中国では「兌換券《トゥイホアンチュエン》」という外国人向けの紙幣が発行されていた。日本円と直接交換されるのはこの兌換券である。同じ一〇〇元札であっても、ふつうの人びとが使っている人民元の三割増しくらいの値打ちがあった。政府は兌換券も人民元も同じ価値だと説明していたが、そんなことを信じる人はいなかった。兌換券でしか買えない外国製品があり、また、同じ商品に兌換券の値段と人民元の値段が並記されていることもあった。たとえば人民元なら一〇〇〇元、兌換券なら八〇〇元といった具合だ。わたしの周囲の人びとはよく、「兌換券と人民元を交換してほしい」と言ってきた。もちろん一対一ではなくその日の闇レートで交換率は変わる。だが楊小姐は一度もわたしに「交換」の話題を出さなかった。

北京滞在の最後になって、わたしはたずねた。

「お給料の人民元はそのまま貯金しているの?」

「いいえ、職場のビルに「黄牛《ホアンニュウ》」[4]がいてね、そこで兌換券に替えてから米ドルに替えて貯金するの」。

「どうして、わたしと交換しなかったの? 黄牛は手数料をとるから交換率が悪いでしょう」。

「もし、淳子さんと交換をしたら友情に傷がつきますから」。

たしかに、もし彼女と交換したのならその微妙な交換率をめぐって、お互いが不満を抱いただろう。「どうして友人なのにこの額になるの?」あるいは「近くの青空市場で替えたらもっと多くの人民元に替えられたのに」と。そのことはふたりのあいだに小さな「しこり」となって残るに違いない。彼女はやはりかしこい女性だった。

[4] じっとしていて交換でお金を稼ぐ人というスラング。

窰洞《ヤオトン》をめぐる記憶

そのころ、楽亭とは別に芸能や民謡の宝庫として有名な陝西《シァンシー》省北部、米脂《ミージ》県の「楊家溝《ヤンジァコウ》」という村がもうひとつのフィールドになっていた。黄河にほど近いこのあたりは、黄砂が堆積してできた「黄土高原」とよばれる過酷な環境にある。住居は山肌を掘りこんでつくる窰洞という穴居であり、村に行くためには、トラックに自分たちの食糧や燃料を積み込んでいかなければならないほどの貧しい村であった。何しろ、降雨量が少なすぎて小麦が実らず、粟などの雑穀が主食なのだから、河北省とはまた異なるさびしい条件の土地であった。

しかし、わたしにとっては河北省での単独調査より、陝西省の調査のほうが気分的には数倍楽であった。こちらの調査は複数の若手研究者でおこなうため、安全面での心配が少なかったし、窰洞は実際に住んでみると「冬暖夏涼《トンヌァンシァリャン》（冬は暖かく夏は涼しい）」とよばれる合理的な住居だった。常宿にしていた農家の人びとは素朴であたたかく、あるものを総動員してできる限りの世話をしてくれた。

一九九三年の八月、日本や香港から西安に入ったほかのメンバーと合流するために、わたしは北京空港から西安に赴いた。およそ二週間の調査中、わたしはほとんど北京に残してきた双子の赤ん坊のことを考えなかった。ふたりの阿姨がついてくれていることと、近所に住む楊小姐が毎晩のように仕事帰りに赤ん坊の様子を見に来てくれていたからだ。

楊家溝村と河北の村からひと月ぶりに帰った週末、楊小姐のアパートで昼食をごちそうになった。小さなキッチンで彼女はいつも手際よく、母親からゆずり受けたレシピでありふれた材料を魔法のようにおいしい家常菜《ジアチャンツァイ》（家庭料理）に仕立てるのだった。

「ねえ、知ってる？　「送行餃子《ソンシンジァオズ》、迎客麺《インカーミエン》」[5]といってね、麺は初めて出会ったときに、餃子は送別のときにつくるのよ。わたしたちがお別れするときも必ず餃子をつくるからね」。

食事のあと、わたしが窰洞での生活がどんなにすばらしい経験だったかを夢中でしゃべりつづけているあいだ、彼女はめずらしく寡黙だった。「都会で育ったので田舎の話に興味がないのかな」と思い、話を切り上げた。しばらくして、彼女が口にしたのは、はじめて聞く話だった。

「じつはね、わたしは七年間も窰洞で暮らしたのよ。一四歳のとき、北京から同級生たちと長い時間汽車に乗って……着いたところは砂漠に近い辺境の内モンゴル自治区だった。毎日、毎日、農作業をして、ある日、遠くで雷の音がしたの。近くの農民が「早く逃げろ、河が増水して飲み込まれるぞ」、と叫んだわ。わたしは必死で山を登っ

[5] 北方での習慣。送行餃子、接風《チエフォン》（迎風《インフォン》）麺《ミエン》とも。

て逃げた。もう少しで本当に川に流されて死ぬところだった。窰洞の話を聞くと、あの当時のつらい思い出がよみがえってくるから……」。彼女は目に涙をためていた。

楊小姐の父親は山東省出身で、名門の南開大学を卒業したエリートであり、共産党が政権をとる以前から党の地下活動をしていた筋金入りの老幹部であった。そんな高級幹部の父も文革がはじまるやいなや批判にさらされた。一九六六年の年の暮れには抄家《チャオジア》[6]の対象になり、その翌年五月に一家は当時住んでいた恵まれた住居、市政府大院から追い出された。父親はさらに同僚の密告に合い冤罪をきせられ刑務所に入れられた。楊小姐のふたりの兄は遠い農村に下放され、病弱な母と彼女が家に残された。そしてついに娘の彼女までもが北京からはるか遠い内モンゴルに知識青年――略して知青《チーチン》とよばれた――として下放されることになったのだ。まだ少女といってよい年齢だったのに。

彼女は父親の罪状から「黒五類子女《ヘイウーレイツーニュ》」として扱われた。黒い五類とは、地主や反革命分子をさし、どうにも救いようがない罪人とされた。そしてその子女も文革初期にはきびしく糾弾された。

当時、彼女と同じように農村に下放された若者のなかにも階級の差が歴然とあった。たとえば、同じ労働に従事していても「農墾建設兵団」は給料がもらえ、共同食堂を利用する権利もあった。最も低い階級の彼女にとって同じ村で働く建設兵団の青年たちがうける

[6] 紅衛兵が突然自宅に押しかけ家中を捜索し手当たりしだい物を壊したり持ち出したりすること。

待遇は心底うらやましいものであった。そして、北京でひとり子どもたちの帰りを待ちつづけた母親は心労のあまり心臓病を患い、その後彼女は生涯この持病に苦しみつづけた。涙をぬぐいながら彼女は言った。「中国人は、北京人は例外なく、みな同じような経験をしているから、わたしたちだけが特別不幸というわけではないのよ。密告した人は父が目をかけていた部下だった。でも今では彼をまったく恨んでいない、彼もわたしと同じ時代の犠牲者だったのだから」。

その後、わたしは彼女に楊家溝村の話をしなくなった。ただ、一度ふとしたはずみで、鼻歌で陝西北部の民謡のなかでも大好きだった「三十里舗《サンシーリープ》」[7]を歌ったとき、彼女も一緒に小さな声で口ずさんでいた。もしかすると内モンゴルで過ごしたときに覚えたのかもしれない。

調査という名目で好んで気の向くままに窰洞に住み込む日本人と、文化大革命という強権のもとで家族から切り離され窰洞に住まわされ労働を強いられた中国人女性が同じ民謡の旋律を共有している。だが、わたしと彼女についていえば、同じ歌が呼び起こすイメージには気の遠くなるほどの隔たりがある。

このとき以来、中国の友人との会話のなかで「文革」ということばが出てきたとき、わたしは軽々しく評論めいたことを言わなくなったし、わかったような顔をすることもなくなった。

[7] 調査地である米脂県のすぐ隣の綏徳《スイダー》県三十里舗村で起きた実話をもとに、この地方の「信天遊《シンティエンヨウ》」という伝統的な民謡ののびやかな節にのせて歌われた。共産党軍に駆り出された若者とその若者を愛する娘の別れを歌った民謡で全国的に知られている。「米脂婆姨綏徳漢《ミージーボーイスイダーハン》（米脂の美女と綏徳の男性）」という言い回しがあり、両県は何かと結びつきが強い。

三十里舗

提起個家来呀也有名
家住在綏徳呀三十里舗上
我名那又叫一個馬鳳英
交下一個三哥哥

三十里个舗来呀遇大路
戯台那拆哩呀修馬路
三哥哥今年那一十九
咱們二人馬上够

三哥哥霧圪騰騰家里上
毛主席命令呀来徴兵
徴兵的徴的哩個三哥哥上
急得奴家心垂上疼

家といえばこの一族が有名です
その家は綏徳県の三十里舗村にあります
わたしの名前は馬鳳英です
ある家の三男と付き合っています

三十里舗村に大きな道路ができました
芝居台は壊され道は修理されました
三男は今年一九歳になります
ふたりはよい年頃です

三男はまだ霧深い家にいます
毛沢東主席が徴兵しました
徴兵されたのは三男です
わたしの心は張り裂けそう

※米脂県楊家溝村にて筆者採録。

第三章　ゆりかごの村

「県城《シエンチェン》」[1]——商店や役所が集まる県の中心街。一九八〇年代には外国人研究者はこの県城から一歩たりと外には出られなかった。今、外国人はいとも簡単に農村地域に足を延ばすけれども、三〇年ほど前には農村という農村は中国のなかの「秘境」だったのだ。たとえば、北京。北京駅から三〇分も列車に揺られれば、そこは農村、途中下車しようものなら、たちまち外国人は立ち往生することになる。何よりも農民の話すことばが聞き取れないのだ。

楽亭県に滞在中、県城からもし出たいのなら前もって忍耐強く折衝を重ね、しぶしぶ承知した県の幹部と一緒に日帰りで出かけることになる。しかも公用車の手配になんらかのトラブルが発生すると中止になることもめずらしくなかった。

県城で宿舎となるのは「招待所」である。外国人用と中国人用とでは建物も別で室

[1] 県とは省のなかの地区の下位区分で日本の県よりも小さく、郡に近い規模。

内もかなり落差がある。しかし、田舎では外国人用といってもトイレやバスが壊れていることはあたりまえで、宿泊費だけは相応に請求されることになる。

トラブル回避のため、なるべく外国人を県城にとどめておきたい県の幹部たちは、手持ちぶさたなわれわれをさまざまな宴会に引っぱり出す。誰が主賓なのかわからないままテーブルにつかされ、宴会要員とおぼしき役人が昼間から白酒《パイチュウ》の杯を重ねるのを横目に、黙々と箸を動かすしかない。

一九九〇年にわたしはこの退屈な県城を抜け出すひとつの方法を思いついた。名づけて「探親作戦《タンチン》」だった。第一章でも述べたとおり、探親とは親戚をたずねるという意味で、日本人であるわたしが探親するとは不可解であるが、拡大解釈して親しい友人の両親をたずねる、というこじつけを考え出した。

アイデアの発端はこうである。最初の楽亭訪問から帰国してすぐに取りかかったこと、それは大学の留学生寮に、「河北省出身の人はいませんか?」と電話をかけることだった。調査はしたものの録音テープのなかの現地の方言を聞き取ることができる協力者が必要だった。最初に電話に出た人は残念ながら河北は河北でも北京の西側で、方言的にはまったく共通性を欠く地域だった。ふたり目が史《シー》さんだった。彼は楽亭県が属する唐山市《タンシャン》郊外の農村出身者だったのだ。そのときのわたしの驚きと喜びは、研究上のよき協力者を得たという以上に、親戚に思いがけず再会したような気持ちに近かった。

史さんは農村のよき伝統を身につけた人だった。質素だがさっぱりとした身なりに朴訥《ぼくとつ》とした話ぶり、自分の博士論文作成に忙しいなか、その印象どおり誠実この上なく、わたしが依頼した録音テープの採録に力を貸してくれた。

翌年、調査地に戻ったわたしは、「友人である史さんの実家をたずねる、つまり探親する」という名目で幹部たちに農村に宿泊することを承知させた。

村をたずねる当日、送迎の公用車には劉老師が乗り込んでいた。彼はわたしの世話係ということで常に付き添っていた人物だが、温厚なこの人がめずらしく不機嫌だった。村に到着するとますます不機嫌になった。というのも村は土壌が砂地であるためきわめて貧しく、米や小麦ができず落花生を栽培するしかないような痩せ地だった。しかし、わたしにとってこの村は、緑濃く生い茂る大きな樹木にすっぽりとおおわれるようにして家々が肩を寄せ合う、これぞ村というたたずまいだった。

夏の昼下がりの村は水を打ったように静かだった。

史氏の実家には年老いた両親が住んでいた。父親は史さんを一回り大きくした偉丈夫で、史さんから「父はとてもきびしくて一家の誰も彼の言うことに逆らえません。わたしは今でも父が怖いのです」と聞かされていた。しかし実際には柔和な目をした穏やかな人物で、彼とともに街に出かけた際、商売人が無礼きわまりない横柄な口をきいても表情ひとつ変えない人格者だった。母親はすでに家事を嫁に任せ、ゆったりと隠居生活を楽しんでいた。

家のなかにはオンドルの上に布団、必要最小限の道具、そして壁には史氏の幼いころから日本留学にいたる大小の白黒写真が飾られていた。写真のなかにひときわ目立つパノラマサイズの集合写真があった。彼が日本語の訓練

河北省灤南県の農家
農家はどの家もほぼ同じで、必ず前庭があり、
三間からなる平屋である。
土間にはかまどがあり、大きな鍋ひとつで
スープ、炒め物、焼餅（小麦のクレープ）などを
作る。左右の居室にはかまどからの熱を通す
オンドルがあり、窓側に頭を向けて寝る。

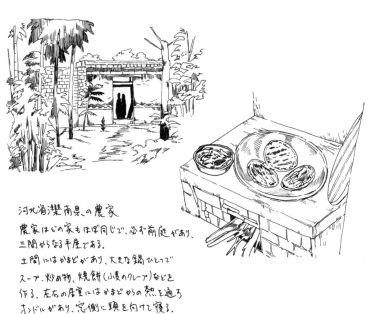

を受けた大連の語学学校の卒業写真だった。優秀な高校卒業生を大連の全寮制の日本語学校に集めて、二年間ほぼ日本語のみを使わせて国費留学生に育てるエリート養成学校。彼はそこで完璧な日本語を身につけてから日本にやってきた。

彼の両親の家には電化製品も、時計も、家具らしい家具も何もなかった。小気味よいほど「日本」を匂わすものがなかった。帰国後そのことを史さんに言うと彼は憮然と「あの村に日本製品など不要でしょう」と言った。理科系の合理主義を徹底した彼らしい反応ではあったが、そのことばには、「何もないが、日本よりもはるかにすばらしいところだ」という自負がこめられていた。

なんの前触れもなく――当然、電話はないのだから――突然やってきた日本小姐《リーベンシアオジェ》をどう扱えばよいのか老夫婦はさぞかし困ったことだろう。史氏が日本から手紙では知らせておいてくれたものの、本当に来るとは思っていなかったはずだ。

わたしは老夫婦が長兄の家に珍客の来訪を知らせにあたふたと出かけていったあと、オンドルの上でぐっすりと眠り込んでしまった。まるで自分自身の実家に帰ったかのように安心して他人の家で眠ることができた。その間、長兄の家ではあわただしく親戚の家から家具が運び込まれたり真新しい布団が整えられたりして、わたしはそちらに移った。長兄の嫁は「大嫂《ターサオ》」と呼ばれる。この家の大嫂は終始笑い声を立てている陽気な働き者だった。少しでも手が空くと彼女は機織り機で木綿の糸をたくみに布に仕上げていた。長兄は赤脚《チージアオ》医生《イーシェン》（民間医）だった人で、笑うと史さんそっくりだった。長兄一家のほかに次兄一家、そして叔父さん一家が同じ村に住み、その村は史姓が大多数を占める同姓村であった。つまり村とは大きな家族のようなものであった。

県城にいるとき、わたしが求める芸人の活動に関する情報はほとんど耳に入ってこなかった。世話役の劉老師も常に気の毒そうに「最近はめっきり演出《イエンチュー》（上演）が少なくなった」とため息まじりにつぶやいた。

しかし、じつは芸能の上演は盛んにおこなわれていた。幹部たちにはその情報をつかむ手段がなかっただけなのだ。実際、村に住みはじめると、どこそこの村でこのような上演がある、といった情報が次々に舞い込んできた。というのも「集市《チーシー》」とよばれる定期市で、周囲の村々から人が集まったときに遠方の村の情報が交換されるので、村同士は口コミで情報を共有していた。県城はその口コミネットワークに入らないか、あるいは県の役人にはそのような村レベルの情報が届かないというわけだった。

ちょうど、皮影戯《ピーインシー》（影絵芝居）のグループが近くの鎮《チェン》にやってきたという一報が入り、わたしは史さん一家と出かけていった。上演が終わって、人びとが帰る道すがら、その夜の芸人の腕前について評価を交わし合っていることにも気がついた。県城からの公用車であわただしく往復するなら、気がつかずにいたことが多々あった。「村に滞在してよかった」と、わたしはしみじみ史さん一家に感謝した。

生活面でも村にいることは県城よりもはるかに居心地がよかった。県城では冷めたまずい料理をひとりで食べるか、宴会でのごちそうかどちらかに偏っていたが、村では素朴だが心のこもった熱々の料理が振る舞われた。つくり方はこうである。ひとつの大鍋でまず、出汁の出る材料を炒め、そこに野菜を投入してさらに炒め、取り出す。残った油でスープをつくる、という手順が毎回くり返された。主食は小麦粉をこねて油で焼いた「焼餅《シャオビン》」やふかした饅頭《マントウ》のできたて熱々がたっぷり出てきた。

滞在最後の日は大騒ぎになった。まず、庭で飼っている子豚を捕まえるのに家族中がキーキーと鳴きながら逃げる子豚とともにかなりの時間、庭を走りまわった。ついにとらえられた一匹の哀れな豚があっという間にさばかれた。新鮮な豚肉は根気よく包丁で細か

農家で別れの日に庭の子豚をさばいて
つくられた餃子。この日は特別に高齢の
おばあちゃんが小麦をこね、豚肉を丁寧に
ミンチにして水餃子を作ってくれた。
人生で一番美味しいと感じた料理。

く刻まれミンチになり、青菜《チンツァイ》などの香味の強い野菜とともに餃子の具になった。この最後の日の餃子だけは大嫂ではなく、史氏の両親がつくってくれた。ふだん料理をしない高齢の母親が包丁を持つことには特別な意味があった。餃子は客人を送り出すときに供される送別の料理だからだ。

いよいよ大鍋でぐらぐらと茹った餃子が運ばれてきた。大皿——ほうろうの洗面器——に入れたものを口にしたとき、これまでに食べてきたものとは別次元の群を抜いておいしい餃子だとわかった。タレなどまったく必要ない完璧な餃子だった。お腹が一杯になっても箸が止まらない。次々と平らげて、記録的な数の餃子を食べたが、それでももう少し食べたいような気分だった。今に至るまでこのときの餃子を超える美食に出会ったことはない。

その夜は三日間つづいた皮影戯の最終日だった。陽が落ちると、史家の男性陣がそろって自転車に乗り、遠方の村まで付いてきてくれた。どこまでもまっすぐつづくあぜ道を、ペダルをこぎながら目的地をめざす。どの村もそっくりなたたずまいなので、うっかりすると曲がり道を間違えそうなものなのに、かれらは一度も迷うことなく奥まった小さな村に吸い込まれていく。そして、そこには誰かしら顔見知りがいて、しばしの休憩のためにオンドルを貸してくれる。上演がはじまると、村人が皮影戯の舞台裏に引っぱり上げてくれた。幕のうしろには所狭しと影人《インレン》（影絵人形）、道具類、団員の持ち物、楽器が置かれ、伴奏音楽を演奏する人やかけもちで人形を遣う人がせわしく立ち回るすぐそばでビデオをまわすことができた。機材の操作に気をとられているわたしのそばで史家の男性が見張り番をしてくれるのは心強かった。延々とつづくその日のだしものが一晩分の終幕を迎えるころ、遠くで雷鳴が聞こえた。

帰路、地平線まで真っ暗な電灯ひとつないあぜ道を急ぐなか、稲妻が幾筋も空から大地に突き刺さった。その光のなかを自転車の一連隊はにぎやかな話し声を立てながら、家路を急いだ。

ペダルをこぎすぎて脚がしびれるころ、村の入り口が見えてきた。大きな樹木にすっぽりとおおわれた「ゆりかごの村」はそのあたたかい懐にすっぽりとわたしたちを招き入れた。

「ゆりかご」、という日本語を史さんは自分の村に当てはめた。

彼は大学の留学生寮に住んでいたので、寮の友人とは中国語で話していただろう。多国籍の学生が集まる研究室の共通語は英語だと言っていた。博士号をとってから就職した先も英語を使う外資系企業だった。彼の日本語はそういう意味では不遇だった。

そんな彼がつぶやいた「ゆりかごのようなわたしの村」という一言は、あの村のたたずまいとともにわたしの記憶に刻まれている。

史さんとは彼の就職後、音信が途絶えた。ある日、ニューヨークからマンハッタンの夜景の絵葉書が届いた。ちょうど九・一一の直後だったかと思う。ニューヨークでこの大惨事にあった史さんは、じつはいくたびも大災害に出会っている。幼いころ、唐山大地震[2]が故郷の村を激しく揺らし危うく建物の下敷きになるところであった。大学院時代には阪神淡路大震災直後の街で学友の行方を探し、その後の東京勤務では東北の大震災に遭遇している。

ニューヨークからの葉書の裏には見覚えのある彼独特の筆跡で「何ということもないつまらないところです」というような意味のことが書いてあった。

[2] 一九七六年七月に発生した直下型地震、死者二五万人以上。

第四章　占いか、はたまた芸人か

中国農村では多くの盲人と出会った。というのも、わたしの専門が音楽であるゆえに音楽家に出会うチャンスが多く、農村では音楽家＝視覚障害者であることが多いからだ。現在ではそれもかなり変わってきたが、新中国成立以前の旧中国なら、目の不自由な音楽家はもっと多かっただろう。日本でも中世に『平家物語』を語った琵琶法師をはじめとして、視覚障害者と音楽との結びつきは深く、そういった音楽家に地位を与える当道（座）という組織すら存在した。かれらはハンディを負っているが、それゆえに常人にはない鋭敏な聴覚を有し、技芸に秀でるものが多かった。検校《けんぎょう》や座頭《ざとう》といった当道の官位名はその由来を知らない若者でも耳にしたことがあるはずだ。昭和三一年に亡くなった宮城道雄の時代まで、盲人音楽家の系譜はつづいていたのだ。

中国農村では伝統的に、もし病気やけがで、子どもの目が不自由であった場合、親はその子が一生涯食べていけるようにふたつの選択肢からひとつを選ぶ。ひとつは「算命《スアンミン》（占い師）」であり、もうひとつは「芸人《イーレン》」である。

わたしが最初に訪れた河北省の農村では語り物「大鼓《タークー》」[1]の伴奏者（男性）に視覚障害者が多かった。彼らは「琴師《チンシー》」あるいは「弾三弦的《タンサンシエンダ》（三弦を弾く者）」とよばれ、大三弦（大型の三味線）を布の袋に入れて背中にかつぎ、語り手である「説書先生《シュオシューシエンシャン》」とふたり、あるいは語り手ふたりの三人一組で村々をめぐっていた。

一九八八年の夏、わたしがはじめて語り物芸人の巡業に付いていくことを許されたとき、伴奏をしていたのは石《シー》という姓の全盲の六〇代の男性だった。白髪をきれいに丸刈りにして紺色の詰襟の中山服（人民服）を着た彼は、その容貌と静かな物腰からどこか「僧侶」を思い起こさせた。

楽亭大鼓
父が語り手、息子が伴奏者という一家は、
農繁期には小麦をつくる「半農半芸」であった。
自宅を訪ねた時、さっと食卓の
箸をとり大鼓を打ち始めた。
「箸でもいいの？」と心の中で
呟いたが、庭先で得意の
〈小八義〉を語る表情は
自信にあふれていた。

語り物の巡業の仕組みはこうである。まず、語り手ふたりと伴奏者の三人一組で、ある村で上演をする。するとそのうわさを聞きつけて近隣の村からお呼びがかかる。次の村に移動するとその村ではすでに村長など幹部が一軒の農家を選び出し、宿の準備をする。選ばれた農家は通常三日間の滞在中の食と住を芸人に提供する。食事の材料は村の公金で支払われるか現物支給されるので、農家の負担は実質、労力のみということになる。

わたしが泊めてもらうことになった農家の若い夫婦は村でも評判の働き者だった。到着するとオンドルの上にはきちんとたたまれた清潔な布団があり、夕方には農家としては破格のごちそうが用意された。

この地方の主食である小麦粉で焼いた焼餅《シァオピン》と炒めた料理が三品ほど、ほかに蒸した饅頭《マントウ》なども添えられていた。これは正月料理に匹敵する豪華さだ。農家の作法どおり、客人であるわたしと芸人はオンドルの上の食卓を囲み、一家は土間で別の食卓を囲んだ。

陽がとっぷり暮れると農家のそばの空き地が野外映画場に早変わりした。屋外に白い大きな布をピンと張り、映画を上映する。木戸銭を集めるのはこの家の主婦で、昔のバスの車掌を思い起こさせる黒い大きながま口を首から下げて木戸銭の小銭を村人

［1］大鼓には主なものに京韻大鼓、西河大鼓、梅花大鼓など一〇種類以上がある。北方の各方言で歌い語る語り物曲種。

から徴収していた。そこには村人のほぼ全員が集まってきた。凳子《トンズ》とよばれる木製の腰かけを持参してきた人びとは、すぐに部外者であるわたしに気がついた。間の悪いことに、その夜の上映演目は抗日戦争で勇猛果敢に闘う解放軍兵士の物語だった。中国人俳優が扮する大日本帝国軍人が残虐な行為におよぶたびに、人びとはこちらを振り返りわたしがどんな反応を示すのか確かめようとした。しかしその表情に嫌悪感や敵意はなくはじめてみる外国人への好奇心がありありとみてとれた。

わたしは緊張していた。そして中国人俳優の奇妙な日本語とそれを合図にこちらに向けられる人びとの視線にばかり気をとられながら、かたい凳子に身を固くしていた。この夜は映画を優先させ、翌晩から語り物がはじまることになっていた。

さて、農家のなかで、石師は慣れない部屋の状況も盲人の勘のよさですぐに掌握していたが、庭にあるトイレに行くときには相方の芸人男性がこまめに介添えをしていた。ひとつ間違えれば豚のひしめく穴に落ちてしまうため、トイレは最高レベルの危険地帯である。

一晩目の上演が終わると、すでに夜中近くになっていた。風呂に入る習慣はないので、洗面器のお湯で手足を洗いそのまま休むことになる。翌朝になると、農家の主婦が再び食事の準備にかかってくれる。手際よく大きな据え付けのかまどに鉄の鍋を置き、蒸すのも焼くのも、炒めるのもひとつの鍋で済ましてしまう。炒め物の残りの油を使ってスープさえもつくってしまう。[2]

主婦はほとんど立ち止まることがないほどよく働いていた。彼女の芸人に対するもてなしは、芸人に対するこの地域の人びとの感情をよくあらわしていた。「芸人」ということばは蔑称なのでけっして使わず、かならず「説書先生」と呼んでいたし、自分たちが接待役に選ばれたことをとても名誉なことと感じているようであった。実際、われわれが滞在しているあいだ、入れ替わり立ち替わり村長をはじめとする村の幹部たちが様子を見にきていた。かれらは外界の消息に詳しい芸人から近隣の村や県の情報を聞きたがった。県城にすら出ることがまれな村人にとって他県の話を聞けるのは貴重な機会であった。

上演のない昼間は比較的暇なため、芸人たちはわたしの質問に丁寧に答えてくれた。たとえば、三弦の各部位のよび方を行話《ハンホァ》（芸人用語）でなんとよぶのか、といったことを説明してくれるうちに、弦をはじく爪は「オス犬の腿の骨を自分で削ってつくらなければならない、メス犬ではだめだ」というようなめずらしいエピソードもでてきた。後年、わたしは邦楽、地歌の三絃を習うことになるのだが、この中国北方の三弦は同じ種類とは思えないほど、荒々しく野趣に富んだ楽器であった。なんといっても皮は

[2] これは鍋を洗う手間が省けるのでどの農家もこの方法この順序であった。

蛇皮であり、つくりも大きく男性的な楽器であった。

石師に三弦のことをあれこれ質問したあと、わたしはこの家で、彼の姿を見ているうちに胸に大きくふくらんでいた感慨を、こういう表現でたずねた。

「村から村への巡業は過酷な仕事ですね……」。

彼は微笑を浮かべてこう答えた。

「哪行都辛苦《ナーハントウシンク》（どんな仕事も苦しいものだ）！　あなたが遠い異国からここにやってきたのだって苦しいことだろう」。

その予想外の返事は鋭い一撃となってわたしを打ちのめした。この数日間、彼の不自由な生活を間近に見つづけ、村から村への移動生活がいかにきびしく、また天候に翻弄されるものなのかを思い知った。大雨でも降れば、たちまち道路は寸断され、立ち往生し、何倍もの道のりを迂回しなければならないのだ。六〇余年の生涯の大半をこういう巡業生活で過ごすということは想像を絶する苛酷な試練の連続だったはずだ。

しかし彼は、何不自由のない気ままな旅人であるわたしに向かって、自分とあなたは同じだ、と答えた。わたしはそのとき、彼はある種の心の安寧、いわば「悟りの境地」に達しているのではないか、と感じた。与えられた運命を甘受し、そのなかのささやかな幸福、たとえば村人の心のこもった接遇に感謝する彼は俗世間の幸福と不幸の秤からはるか遠くに隔たった世界の住人に思えた。

彼にとって、夜の上演は最高に楽しい時間であった。語り手と呼吸を合わせて自在に操られる三弦の音色は村の空き地に高らかに響き、聴衆は何時間でも長篇物語にじっと聴き入っていた。娯楽のきわめて少ない村に束の間の贅沢な時間が流れていた。語り物の上演には終了しても拍手の習慣はない。唐突に「つづきはまた明日！」でパタッと音がやむ。幾人かの村人がねぎらいのことばをかけ、みなは各々の寝床に戻っていく。

三日間がまたたく間に過ぎ、彼らは次の村へ移動することになった。次の村では物語のつづきが語られる。語り手の男性が自転車をこぎ、そのうしろの荷台に伴奏者がまたがる。彼の背中には唯一の持ち物である大三弦がしっかりとくくりつけられていた。わたしも県城から迎えにきた高老師とともに村を離れることになった。

二度とこの村に来ることもないわたしに全身全霊のもてなしをしてくれた農家の主婦

にお礼を述べようとすると思わず涙がこぼれた。つられて彼女も泣きだし、衆人が取り囲むなか女ふたりは手を握り合い泣いた。かたわらで高老師が「やれやれ」といった表情で白けているのが目に入った。やがて二台の自転車は大勢の村人に見送られて出発した。三キロほど並木道を走ると道は二手に分かれていた。彼らは次の村をめざして左の道へと走り去った。わたしたちは県城につながる右の道を進んだ。その道は県城から市につながり、やがて大都会、北京につながる道だ。

日本に帰国すると、就職のあてのない研究生活が長くつづいた。日常のなかで、時に落ち込み他人がねたましくなり胸が苦しくなった。そういうときに、ふと「哪行都辛苦（どのような仕事も等しくつらいもの）」という石師のことばと穏やかな笑顔が頭に浮かんだ。ぬかるんだ道を、でこぼこの道をそれでも道がある限り、命がある限り進みつづける、どこにも楽な道などない、という彼のことばは三〇年が過ぎた今も、寒い夜空の彼方からふいに舞い落ちる一片の雪のようにわたしに届く。

Ⅱ 黄土高原編

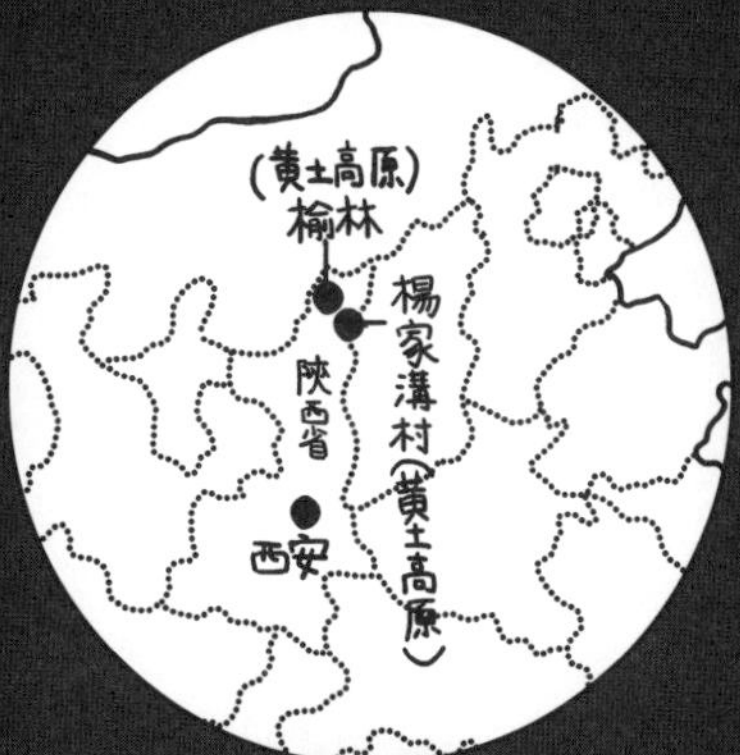

第五章　雨乞いの夏

楊家溝《ヤンジァコウ》村は黄河の奥深くに抱かれている。

一九八〇年代に映画『黄色い大地[1]（黄土地《ホアントゥーティー》）』（陳凱歌《チェンカイガー》監督、一九八四年）を見たとき、よもや自分がスクリーンいっぱいに広がる黄色い大地——黄土高原——を歩くことになろうとは想像すらできなかった。対外開放が急速に進んでも依然として「未開放県」、「最貧困県」として最後まで外国人に対して閉鎖されていた地域だったからだ。

一九九〇年、はじめて黄土高原、陝北《シャンベイ》[2]行きに挑んだとき、四名のメンバーの誰が陝北の奥深いこの村にたどり着き、その後、毎年のように調査に出かけることになると想像しただろう。

出発前には「陝西省の省都、西安から北上して延安《イエンアン》などの外国人に開放されている街だけまわることになるだろう」と四人は考えていた。しかし、現実には西安音楽学

[1] 過酷な自然と極貧の農家、陝西北部の雨乞いや腰鼓など現地の農民がエキストラで登場するシーンは大胆なカメラワークによって圧巻の迫力をもつ。中国第五世代監督作品の代表作。

[2] 陝西省北部のこと。中国人にとって革命根拠地と民謡とに結びつけられる地域。

院で偶然つかんだ人脈がわれわれを陝北にいざない、出会った人びとに導かれるように黄河にほど近い「楊家溝村」に吸い寄せられてしまったのだ。

この村にはわたしの大好きな「大哥《ターガー》（一番上の兄）」がいる。「大哥」とみなから呼ばれる彼の本名を聞いたことがない。そういえば彼の両親の名前もわからなくて困ったことがあった。村のなかでは本名はほとんど使われず、親族呼称かあだ名で呼び合う。大哥とその家族がいるから、わたしたちはこの村にこだわり、長い道のりを越えて七年間通いつづけたのだ。会いたいと思う人がいなくてどうしてこの地を何度も訪れることなどできようか。どんなにすばらしい学術的な目的があってもそこに暮らす人に魅せられなければ、道中の苦労をはじめとする困難にはとうてい耐えられないような気がする。

西安から陝北の中心都市、楡林《ユィリン》へはバス——当時は一泊二日を要した——に乗ったこともあるが、体力を消耗するのでリスクを覚悟で古ぼけたプロペラ機を使うようになった。

西安から北へ五五四キロの楡林市に向かって飛ぶ小型機に座ると小さな窓に釘づけになる。眼下にくっきりと地勢の変化を見おろすことができるのだ。西安を発って数十分はよく耕された緑の平野がつづく。しかし旅程の半分、延安に近づくあたりからにわかに景観は様変わりする。最初は平原に切り立った谷が食い込むような「塬《ユアン》」がつづき、黄河の侵食により刻まれた無数の谷と、その谷を挟み込むようにして丸く盛り上がった黄土色の山「峁《マオ》」や、さらにそれが削りとられた「梁《リァン》」が延々と連なる奇怪な風景が広がる。

空の上から見おろしているだけでは、そんな風景のなかに無数の村が存在し、人びとが生活を営んでいるなど想像もできないが、地図帳を広げてみれば、今飛んでいるその黄土高原にはぎっしりと隙間なく地名をあらわす漢字が書き込まれている。数千の谷には数千の村が存在するのだ。

飛行機が高度を下げはじめ、渓谷の浸食の度合いが緩やかになり、緑の耕地が目立つようになると、楡林市到着である。この小さな古都はいつも黄土砂漠のなかのオアシスのように旅人を迎えてくれる。すぐそばを黄河が流れ、異民族の侵入をはばむ長城もほど近く、すぐそこまで砂漠が迫っているため、映画撮影ロケ地にもなる楡林は『楽園の瑕』（王家衛《ウォンカーウァイ》監督、一九九四年）などの撮影舞台になっている。

一泊休憩をとった楡林から先は、調達した車に乗り換え、黄河の支流、無定河《ウーティンハー》沿いに南下していく。約三時間で街道は「米脂《ミージ》県城」に至る。県城で今度はトラックを借り、食糧や石炭などの荷物の積み込みが終わると、いよいよ目的の楊家溝村をめざす。街道からそれた山道はだんだんと勾配がきつくなり、川幅も狭くなる。いくつかの窰洞《ヤオトン》の村を過ぎて、ようやく楊家溝村に入ってくる。

意外にもこの小さな村のなかには中国現代史に名を残す窰洞群がある。解放前、この地域一帯で大きな勢力をもっていた馬氏という地主が建てたみごとな窰洞群に、一九四七年、北京に向けて進軍途上の毛沢東、周恩来ら共産党幹部が居住し「十二月会議」を開いたのであった。しかし、解放後は、ほかの村と等しく農業と羊の放牧、あるいは出稼ぎでかつかつの生計を立てるありふれた寒村に戻っていった。

さて、楊家溝村はその名のとおり、「楊《ヤン》」という姓の一家が切り拓いた村とされている。そして「溝《コウ》」とは小さな河の意であり、村にはたしかに「小河《シアオハー》」とよばれる河が流れている。小河は小さな村をいくつもくぐり抜け、大河、無定河へと流れ込む。無定河は南下して、やがておよそ一〇〇キロ南方で黄河に合流する。つまり、たいていはチョロチョロと、洗濯するにも心細い水量のこの河も、一応は黄河の支流といえるわけだ。

村には三百戸の山懸け式窰洞[3]が散在し、そこに千人余りの人びとが住んでいる。谷を挟んで向かい合う山は、高さおよそ二〇〇メートル、黄土高原に特徴的な峁《マオ》であり、頂上まで段丘状に耕されている。このように、向かい合う「山」とそのあいだを流れ

[3] 山肌に五メートルほどの穴を掘りアーチ状の開口部をもつ住居。

窰《ヤオ》洞《トン》での生活

窰《ヤオ》洞《トン》での生活

楊家溝村全景

中央に川（黄河の支流）が流れている。岩壁にはりつくように横穴式の窰洞（ヤオトン）が密集している。人口約千人。

靠崖式窰洞《カオヤーシーヤオトン》

山や丘陵、溝の斜面を利用して横穴を掘るタイプの住居。黄土高原北部の農村に多い。

窓枠（門窗）

窓枠は各家自慢のデザインで木工の腕を競う。旧正月や祝い事がある日は紅い剪紙（切り絵）でうめつくされる。

中庭は食事をとる団らんスペース。小さな畑に夏野菜が植えられ、トイレは端っこの穴にする。番犬やニワトリなどの家畜がおりにぎやかなことこの上ない。

る「溝（河）」、これが陝北の村の典型的な景観だ。

最初の訪問は、村を通り過ぎたにすぎなかった。村は当時まだ外国人立ち入り禁止の未開放県内にあり、法を犯すことは今後の調査に悪影響を及ぼすからだ。そして二度目の訪問があり、村にも、そして調査団の常宿となった鄭《チェン》家の人びとにも徐々に親しみを感じはじめていた。

映画や現代小説[4]のイメージでこの地域をとらえると、ただただ過酷な自然に翻弄される貧しい地域ということになるが、ここで暮らしている人びとは「陝北是好地方、辺地好（陝北はいいところだ、辺境はすばらしい）！」と民謡にのせて朗々と歌う。これはけっして負け惜しみではなく、心底そう思えるものがここにはあるからだ。

たとえば食生活。この村のどの家にも自家製の柿などの果物酢やトマトペーストなど調味料が大小さまざまな甕に入れて保存されている。これらの酢や調味料はほかの都市では味わったことのない滋味にあふれている。不純物、化学製品をまったく使わない極上の自然食品だ。

饸饹麺《ハーラオミエン》

好みのスープと調味料を各自が加えて食べる。トマトペーストは夏に1年分をビンに詰めて保存する。オール自家製、超絶美味。

[4] 都市の作家の下放体験を題材としたものや地元出身の著名作家、路遥《ルーヤオ》の作品など。

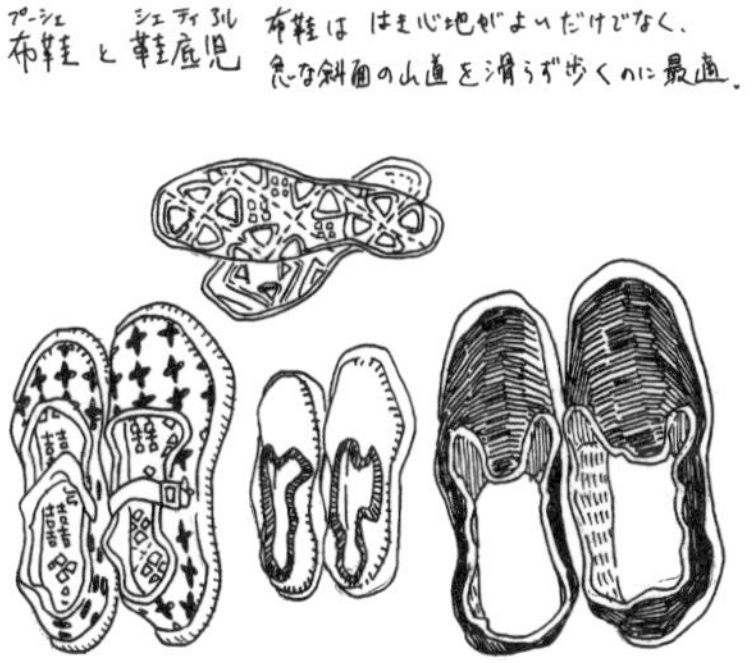

※深尾葉子撮影写真にもとづく。

「餄餎麺《ハーラオミエン》」は素朴な押し出し麺だが、この雑穀麺を食べるときも小皿に一〇種類くらいの彩りよく取り分けられた薬味を好みで調合する楽しみがある。トマトペーストをたっぷりのせ、酢や唐辛子をふりかけると香ばしい香りが食欲を刺激する。もちろん味もいうことなし。肉は日常的には食すことはできない。だからこそ香辛料が重要な役割を果たしているのだろう。

「手づくり」ということが前提のここでは靴も例外ではない。都市部では見ることもまれになった布靴《プーシェ》の靴底には、何重にも重ねた木綿に一針一針力をこめて縫い込んだみごとな刺繍や文様が描き出される。女性が想いを寄せる男性にプレゼントするのがこの靴底「鞋底児《シエティアル》」である。女性たちは暇を持て余すということがない。昼過ぎの木陰や広場には手に針を持つ女性たちが集う。彼女たちがつくり出すさまざまな手芸品には陝北特有のデザインがほどこされる。大胆な構図と繊細な技巧をあわせもつ絵柄を見ると一人ひとりの無名の農婦が工芸作家にみえてくる。
ある老婦人の自宅を訪れたとき、そこはあたかも「アトリエ」になっていた。窰洞の窓、扉はもとより、大小の甕にいたるまで、女性が小さなハサミで器用につくる陝北剪紙《シャンベイチエンジー》とよばれる切り絵でカラフルに飾られ、大小の家具カバーには細かな刺繍がほどこされていた。

男性も手先の器用さにおいてはひけをとらない。大工道具や調理器具、村の行事に必要な即席の調理場なども手際よくつくってしまう。ここでは「手づくり」でないものを探すほうがむずかしいくらいだ。そのよき伝統も、出稼ぎ者などが高額の電気製品や家具を手に入れるようになってきてから、急速に消えつつある。

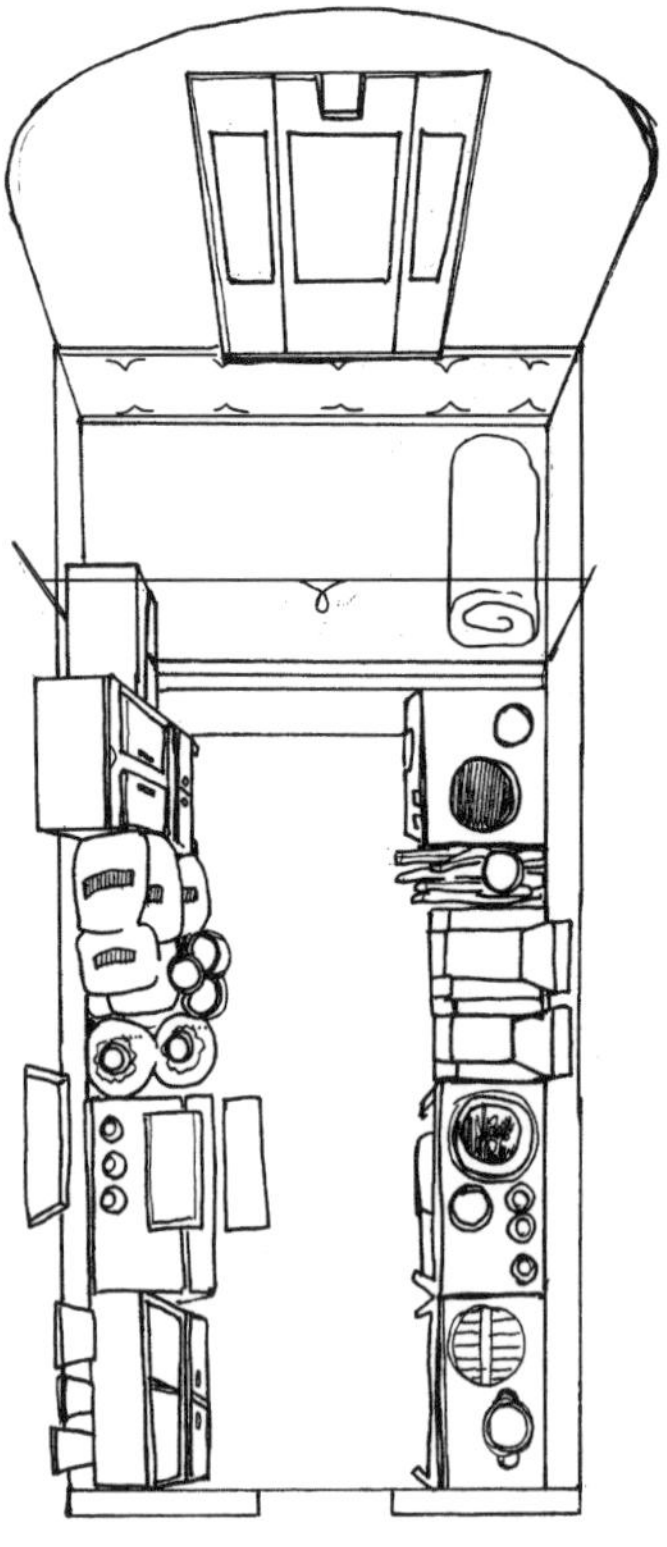

ヤオトン内部
意外に室内は明るく「冬暖夏涼」と称されるように奥のオンドルなかまどの熱で暖かく、老人は一番温度が高い場所に寝る。
ヤオトンの扉や室内には剪紙(切り絵)が飾られる。奥には毛沢東や映画スターのポスターが貼ってある。

※栗原伸治作成の原画にもとづく。

雨乞いの歌

訪問も三度目となる一九九五年は、忘れることのできない夏になった。

この年の旅はすべてが不順であった。日本を発ち上海経由で西安に着いたとき、西安がひどい水不足であることを知らされた。数日間の滞在中、毎日二時間しか水が出なかった。北へ進む道中でも聞かされるのは、過去三〇年で経験したことがないほどの異常な天候のうわさだった。

このあたりは年間降水量が四〇〇ミリ前後ときわめて雨の少ない気候であるが、この少ない雨水のみを頼りに人びとは山を階段状に耕して主食の粟や高粱《カオリャン》（モロコシ）、トウモロコシなどをつくっている。黄土高原の山々は例年ならば頂上近くまで作物が育っているはずなのに、無惨に乾ききった黄土を晒していた。河には水がなく畑はひび割れ太い亀裂がいく筋も通っていた。そのような景色を見て「いったい、村はどうなっているのだろう、食べるものはあるのだろうか」という不安でいっぱいの道中であった。

鄭家の人びとは、そんなわたしの不安を吹き飛ばすかのように穏やかな笑顔で迎えてくれた。鄭家は年老いた夫婦と目の不自由な大哥の三人家族だ。西安音楽学院に職員として勤めている鄭家の次男、二哥《アールガー》（次男）と知り合ったことからわたしたちはこの村にたどり着き、お世話になることになったのだ。同じ村内に嫁いだ娘夫婦が滞在中の食事などの世話を焼いてくれた。

　わたしは大哥に真っ先に声をかけた。「こんなに大勢でやってきて、また水汲みでお世話をおかけしますね」と。鄭家から井戸まで山を降りて数百メートル、一回三〇キロくらいの天秤を早朝から運んでくれるのが大哥である。井戸の水は年中枯れることがない。よい水だ、といって村人は生のまま飲んだりするが、家のなかの水甕に移すと甕の底には黄色い砂が沈澱している。

　挨拶代わりのわたしの声に、「いいや、働くのが一番好きなんじゃ」と大哥はきっぱりと答えてくれた。しかし、実際、わたしたち――この年は八名――の滞在がはじまると、水の使用量はすさまじかった。朝夕二回、各人洗面器二杯に制限し

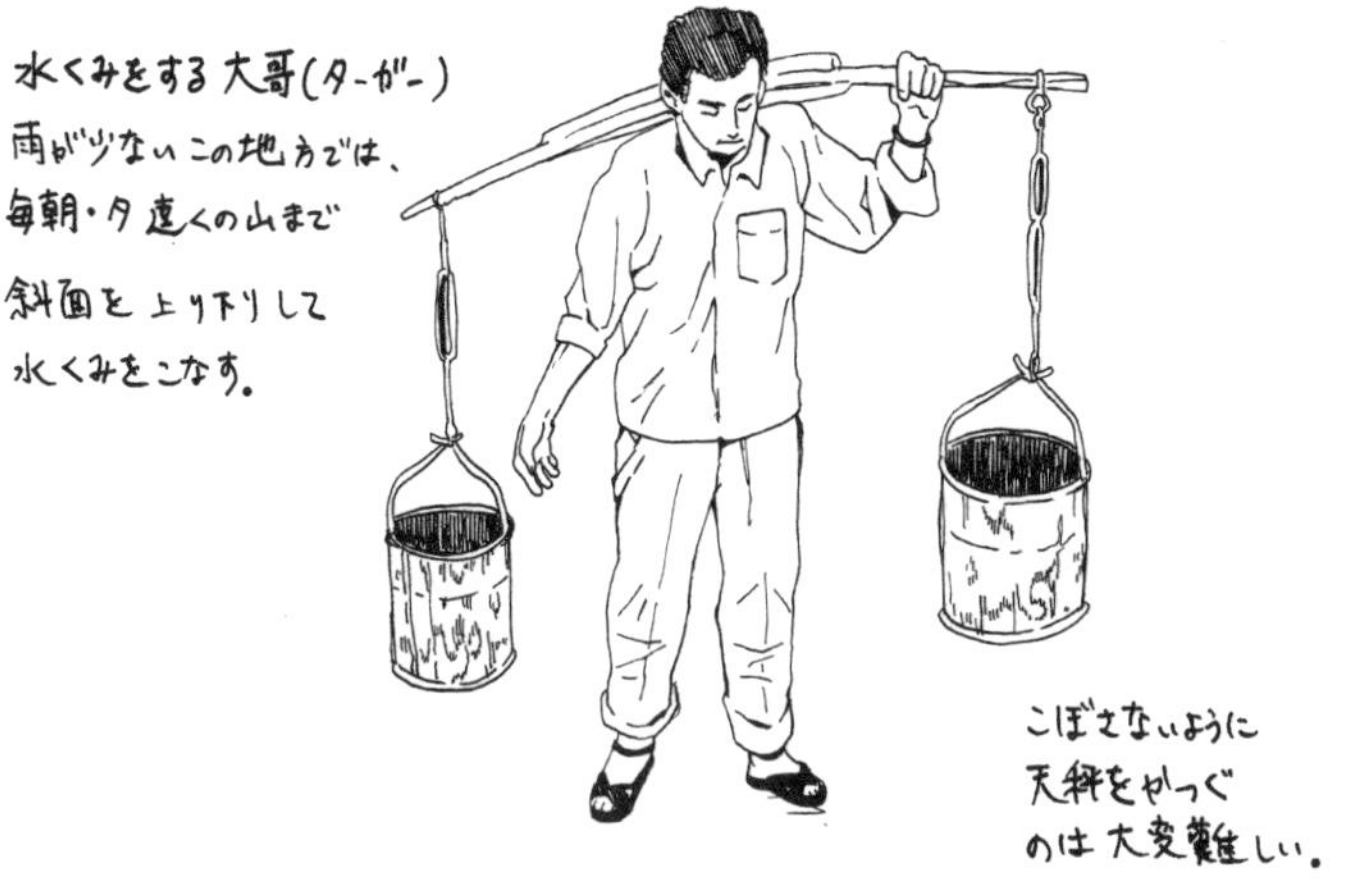
水くみをする大哥(ターガー)
雨が少ないこの地方では、
毎朝・夕遠くの山まで
斜面を上り下りして
水くみをこなす。
こぼさないように
天秤をかつぐ
のは大変難しい。

※栗原伸治撮影の写真にもとづく。

ても、ふだんの生活の一〇倍は水が必要になったはずである。さすがに気が引けてメンバーの男性たちが天秤を担ごうとしたが、数秒間持ち上げるのが精一杯だった。われわれのために大哥は黙々と水汲みをつづけてくれた。

井戸の水は枯れないものの、農耕に使う水、すなわち雨水が一滴も降らない異常気象はじりじりと村人の息の根を止めにかかっていた。

この地域では古来、水の神としての「龍神」信仰が生きている。今回の干ばつでは龍神に雨乞い、すなわち「祈雨《チーユィ》」を決行すべきか否かが連日話し合われていた。祈雨は龍神をのせた御輿をかつぎ、三日三晩、あちらの山からこちらの山へと早朝から一日中走りつづける過酷な儀礼である。村が祈雨をおこなうと決定したなら、必ず雨は降ると信じられている。しかし、そのためには村の男性全員がこの儀礼に参加せねばならず、多くの男たちはあきらかに尻込みをしていた。何せ、一九六三年以降、三二年間、この村では祈雨はおこなわれたことがなかったからだ。

できることなら祈雨はしたくないと、ぎりぎりまで雨を待ちつづけた村人も「もう、限界だ」と感じはじめていた。そこへとどめを刺すかのように上流の白家溝村《パイジャーコウ》がついに雨乞いを決行したという知らせが入った。白家溝村が龍神廟に捧げた祈祷文、雨文《ユイウェン》は次の文言からはじまっていた。

陝西省米脂県白家溝村ほか四村が集まり祈願いたします。われわれ弟子たちはただ今、大干ばつに遭遇し、陽地は緑枯れ、背地の草は死滅しました。羊の餌もなくなりました。このまま雨が降らなければ、百草は死し、井戸水は涸れ、五穀は収穫できず、食べ物も着るものもなく、四村の人びとは東奔西走し、逃げ出してしまいます。干しあげられた弟子たちの心は焦り乱れています。天に声高らかに、このなすすべのないありさまを哀告いたします。

祈祷文のはじまりを読むだけでも、村人の切羽詰まった気持ちが伝わってくる。まったく同じ状況にあるこの村の古老たちはついに龍王廟に赴き、最終決定をしきたりどおり神にゆだねることにした。木片を転がす問卦《ウェングア》をしたところ、「雨乞いをせよ」との卦が出てしまった[5]。そこでついに旧暦六月のある朝から祈雨の儀礼がおこなわれた。

わたしが村に到着したときにはすでにこの祈雨の儀礼は終わっていた。もっとも間に合ったとしても女性が儀礼を見ることは許されない。聞くところ、三日三晩つづいた儀礼は最終日の夜中近く、「龍が暴れるような」暴雨が降り注ぐことで劇的に終結したという。

[5] じつは一、二度なら卦が出てもやり直そうと考えていたが、何度やっても結果は同じ卦、雨乞いをおこなうべしだった。

祈雨には雨乞い歌「祈雨調《チーユィティアオ》」がつきものだ。その旋律は哀調を帯び、谷間にこだまする。儀礼への参加が許されない女たちは窰洞のなかでこの歌を聴き、男たちが今どこにいるのかを知る。わたしたちはどうしてもこの「祈雨調」が聴きたかった。

ある夕方、広場に集まって世間話をしている男たちに「祈雨調」を歌ってみてくれないだろうか、と持ちかけてみた。男たちは「あの歌は神に向かって歌うもので、絶対にふだん歌ってはいけない歌なんだ」と拒みつづけたが、結局、気のいい若者たちが歌ってくれることになった。祈雨調は村ごとに旋律が異なり、主唱者が一節歌い、全員が合唱で応えるコール・アンド・レスポンス様式で歌われる。わたしは録音機を抱えて意気揚々と鄭家に戻った。

興奮をおさえきれず、わたしは大哥に向かって、今日はじめて祈雨調を聴いたこと、そしてその旋律の美しさを讃えた。すると思いがけず、きびしい口調で「あの歌は美しくなどない！」と叱りつけるように彼は言い放った。祈雨調は「哭調《クーティアオ》」とよばれ葬儀の泣き歌と同類の歌とみなされている。が、それ以上に「不好聴《プーハオティン》（美しくない）」という率直で強い否定のことばにはっとした。わたしはあらためて、視覚を失っている大哥が何を「美しい」と聴き、何を不快な音として聴いているのか知りたくなった。嗩吶《スオナー》[6]吹きを生業とする彼が周囲の音をどのように聴き、感じているのかを知ることで村の

[6] 嗩吶とはダブルリードの木管楽器（いわゆるチャルメラ）。漢族の儀礼に欠かせない楽器。

音世界に近づきたい、と考えたのだ。

村の音

大哥の分類は明快だった。彼が好むのはあらゆる自然の音、とくに鳥の啼き声、そして芝居や儀礼の音楽、井戸の水音などだった。逆に不快な音としてあげられたなかで意外なものとして「河の水音」があった。河の水音は洪水のときの恐怖と干ばつの苦しみを思い出させるという。たしかに、増水すると暴力的に畑地を押し流し、干ばつになるとひび割れる河は、この地域の人にとって畏怖の対象となる。

大哥の話を聞きながら、わたしは「村の音」を深く知りたいと強く思った。

小河をはさんで向かい合う山によって形成される村の空間は、いわば、V字形の「すりばち状」である。そして山肌を掘り込んでつくられる窰洞は河のほとりから山の頂上近くまで分散している。したがって、山の斜面のあちこちから発せられる家畜の鳴き声や人の声が村の空間に響きわたり、「村の音」は等しく村人に共有されることになる。

このように音がクリアに聞こえるのは、いわゆる「騒音」がほとんどないことにもよる。つまり、車や工場、その他の機械音がここにはない。小河沿いの道を通る車もたまにあるが、その数は限られているし、夜にならなければ電気がとおらない。一九九〇年代当時この村では、昼間、ラジオやテレビの音さえ聞こえることはなかった。そのなかで、高く響きわたる人の声と家畜——とくにニワトリやロバ——の声が早朝から日没後まで途切れることなく村のなかに響いていた。

地形や乾燥気候によるものか、この地の人びとの声はとてもよく通る。ほかの地域に比べると硬質で甲高い声を発する人が多い。とくに河の向こう側にいる人と交わす会話や歌にその特徴がよくあらわれる。

この地方の民謡に次のような歌詞がある。

『哥哥高来　妹妹低、我只見那声音　照不見你（あなたは高いところにいて、わたしはここにいる、わたしにはただあなたの声が聞こえるだけで、姿は見えない）』（民謡『我心上就挽一個人』より）

このように「あなたの姿は見えないけれど、声は聞こえる」という視覚に対する聴覚の優位ともいえる状況が地形によってもたらされる。窰洞の前の院子《ユアンズ》（庭）にいるとわざわざ歩いて山を下りなくても、たいがいの音は聞こえてくる。聞こえる声も近いところから遠いところまで遠近感がはっきりしている。とくに対面する山の窰洞から聞こえてくる声はその声を発している人影が見えないのに驚くほど明瞭に聞き取れる。あるとき、向かいの山の頂上の窰洞に住む男性がこう言った。「向かい側のたいていの家庭の喧嘩の内容は知っている」と。

村のなかできこえる日常的な音は、家畜（ロバ、ニワトリ、牛、犬など）の鳴き声と人びとの話し声であるが、時には、「非日常的な音」が響きわたることがある。それはいわゆる祝い事「紅事《ホンシー》」、葬儀「白事《パイシー》」の儀礼の音、すなわち吹打楽《チュイダーユエ》[7]のスオナーや鼓や鑼《ドラ》の音である。

大哥は村一番のスオナー吹きだ。目がほとんど見えないという障害をもつ大哥がスオナー吹きになったのはいたって自然なことだ。そして生涯独身であることも。彼の人生は五歳のとき、転んでジャガイモの茎で両目をついたときにほぼ決まってしまった。農作業のできない人に人生を選択する自由がないのが農村社会の掟だ。

[7] 地元では「吹嗩吶《チュイスオナー》」、陝北嗩吶ともよばれる。

大哥は音の世界の住人

滞在先の鄭家の庭先にいると、小河沿いの道を歩く人の気配がよくわかる。村人はたいてい手づくりの布靴をはいているので、足音は聞こえない。そこで、小河沿いの道からなんらかの音、それも聞き慣れない音が聞こえると、村人は物見高くのぞき込むことになる。それが自動車の音であればちょっとした大事件だ。どんな車か、どこから来たのか、誰が乗っているのか、子どもたちは窰洞を飛び出し駆け下りて確かめにいく。

楊家溝村の夏の一日を大哥が聴いているであろう音によって描いてみよう。

朝、谷間が薄明るくなってくる五時ごろから、まず大哥は井戸に水汲みにいく。井戸では、桶を井戸に投げ込むときの水音と、集まってきた人びとの挨拶の声が交差する。水汲みの最も混み合う時間は六時前後であろう。水汲みから帰ってくると、庭先では老父が竹箒で掃除をする音、窰洞内では老母が火を起こす風箱《ふいご》を引く音がもれてくる。河のほうでは、戯台《シータイ》（芝居の舞台）の前に三輪[8]が停まり、川下の県城方面に行く人を待ち受けている。六時ごろにはこの三輪が出発し、街道にエンジン音をとどろか

[8] 荷台に人を乗せる三輪自動車。

す。そのあとしばらくはやはり川下方向に出勤する自転車の車輪音が響く。それがやめば、あとはとくに街道沿いに大きな音はしない。

ただし、物売りの声は例外だ。午前中にやってくる豆腐売りなどが独特の抑揚をつけたかけ声で来訪を告げる。するとあちこちの窰洞から大人も子どもも出てきて、そこでひとしきりの喧噪が起こる。そして再び、いつもの静かな村に戻る。昼近くになるとどんぶりを抱えた子どもや大人が窰洞から出てきて思い思いの姿勢で街道を見ながら黙々と朝昼兼用の麺などを食している。

午後は暑いためか人影も少なく、人の気配も少ない。夕方が近づくにつれ川下から帰ってくる自転車や三輪の音が響くようになる。子どもたちの声や歌声が対面の窰洞から聞こえてきたり、炊事をする女たちが上下の窰洞同士で会話する甲高い声もにぎやかに響く。山に放牧されていた羊たちが牧童に連れられて帰ってくるときには羊の足音や鈴の音が聞こえる。あちこちの窰洞の上部の穴から夕餉の煙が立ちはじめると人影も見えなくなる。日が落ちると再び村は完全な静寂を取り戻す。聞こえるのは夏の虫の音と、遠くの窰洞から時折聞こえる人の声や咳の音。夜はさっさと寝床に入ってしまう村人たちの窰洞を満天に散りばめられた星と月がほのかに照らし出す。

一九九五年の三度目の訪問の調査メンバーはにぎやかな顔ぶれだった。国籍は日本、中国、（返還前の）香港、アメリカであり、専門も音楽学、文化人類学、建築学、言語学など各人ばらばらである。昼間はそれぞれ別行動をしているので夕食をとったあとはそのまま、庭先でにぎやかにしゃべりつづける。その話に少し離れたところから、音がする方向に頭を傾けて聴いているのが大哥だ。彼は音を聴くのが大好きなのだ。鳥の声、楽器の音、人のおしゃべり……。彼は仕事柄いろいろな家の婚礼や葬儀によばれていくので村内の事情によく通じているし、驚くほど博識だ。しかし、すすんでみずから口を開くことはない。質問すれば正確に答えてくれるだけだ。

一度だけそんな彼が破顔大笑したことがある。最年少のメンバー、建築学のＫ君は大食漢だった。陝北の男性は労働がきつい分よく食べる。だから、Ｋ君の大食はこの地では別段驚くことではない。しかし、ある日、婚礼によばれたＫ君は餄餎麺を八杯もおかわりしたのだ。一杯が日本のラーメンほどの分量である。この話を聞いた大哥はお腹の底から笑った。いつも水汲みで世話になるばかりのわれわれができたお返しはこんなことぐらいだ。誰もが水汲みを手伝おうとしたが、男性陣も一往復が精一杯で、しかも天秤のバランスがとれず、貴重な水を大量にばらまいてしまった。わたし自身は天秤棒を持ち上げることすらできなかった。

専門が音楽であることから、わたしはしだいに大哥と親しくなっていった。スオナーはこの地域を代表する楽器だ。たずねたいことは山ほどあった。たとえば、婚礼や葬儀といった儀礼のときに演奏する曲目や「曲牌《チュイパイ》」とよばれる旋律型についてなど。話せば話すほど彼の思慮深く謙虚な人柄にひかれていった。

日本で「チャルメラ」というとけたたましい金属音を想像してしまうが、陝北のスオナーは変幻自在、音色にも深みがあっておよそチャルメラという俗称とはかけ離れた楽器だ。むしろオーボエやクラリネットに相応する木管楽器なのだ。その深みのある音は、楊家溝村のような地形において、最高の音響効果を獲得する。

わたしは、あるとき大哥に頼んでみた。「大哥、明日、谷の向こうから『三十里舗』を吹いてくれないかな。帰る前にぜひ録音しておきたいから」。

彼はうなずいた。

翌朝、わたしはこちらの山腹で、大哥は向かいの山腹に向かった。双方は三〇〇メートルくらい離れて向き合った。

「ここでいいかー?」と大哥が聞く。

「ちょうどいいねー。じゃあはじめてくださーい」。

ゆったりとしたテンポで『三十里舗』がはじまった。その音はやわらかく漂い、村全体にふわりと覆いかぶさった。「やっぱりスオナー吹きは大哥の天職だ」とわたしは思った。

村人の耳に届いていることを承知で、曲が終わったときわたしはいつもの大哥ということばを使わず「謝謝《シエシエ》、哥哥《グァーグァー》！」と叫んだ。ことばの最後の母音は山肌をはね返りながらゆっくりと減衰して消えていった。

「哥哥（お兄さん）」ということばには特別な意味がある。この地では若い女性が異性の恋人に対してこのことばを使うのだ。五〇をとっくに過ぎた大哥はわたしのことばを外国人の無邪気ないたずらと受けとめただろう。目が見えない人には晴眼者以上に人の心理が見えている。

日本でのあわただしい日常の日々、陝北でのことはすべて幻のように現実味がなくなる。窰洞の生活を説明しようにも山に横穴を掘って、と言いかけて口をつぐんでしまう。あの貧しくも満ち足りた暮らしを説明するのはむずかしい。しかし、今でも台所で水仕事をするときに蛇口の水を細くしたり、お風呂に湯をためるとき少なめに設定する癖がついている。大哥の記憶はそんな形でわたしの日常に鮮やかによみがえる。

大哥が毎朝汲んでくれた水、そしてその重労働をあたかも楽しんでいたかのような彼のことを調査団の誰もが忘れることができなかった。後年、メンバーのひとりは下の河から鄭家まで水道管をとりつけた。調査団のリーダーは問題になっていた村の水質改善や土壌改善などさまざまなプロジェクトに着手し、今日にいたるまで毎年のように、楊家溝村に通いつづけている。

身長に合わせた子ども用のカマを持つ少年。カメラを向けただけで泣きだしてしまった。

第六章　村の女たち、男たち

誰の娘、誰が母親？

ある日、楊家溝《ヤンジァコウ》村の山を登っている途中でひとりの農夫とすれ違った。遠目には老人にみえたのだが、じつは四〇代なかばだったようだ。この黄土高原では男女ともに、老化が速い。乾燥した空気は顔に深いしわを刻み、栄養不足と過重な労働は身体をいためつける。すれ違ってから、同行していた村人がこうつぶやいた。「あの家には一二人も子どもがいる」。生まれてみては女児、のくり返しで、とうとう一二人の娘ができたそうな。この例は極端ではあるが、このような貧困地区ほど、子だくさん、そして戸籍に登録しないいわゆる「黒孩子《ヘイハイズ》」は多くなる。

われわれが滞在していた鄭家の娘さんは、村の女性幹部であり政府の「一人っ子政策」を推進する立場にあった。すでに同じ村内に嫁ぎ近所に家族で住んでいるのだが、毎日のように両親がいる実家にやってきて、何かと家事の手伝いをしていた。夏のあいだだけ、西安からこの家に里帰りするもうひとりの娘さんがいた。彼女にはふたりの幼い娘がいたのだが、姉妹というにはあまりにも背丈がかわらないし、双子というには違和感があった。「謎の双子」とひそかにわれわれはよんでいたのだが、その謎は次のような推理で辻褄が合う。おそらく姉妹ではなく従姉妹だったのだ。すでにふたりの男児を産んでいた姉が三人目を宿したときに、お上の目を逃れるための窮余の一策として、都会に住む妹の養女とすることにした。その妹もおそらく前後して娘を出産したため、双子のような、そうでないような姉妹として育てられたのだろう。どうやら本人たちも真相は知らないようで、夏になると田舎で会う叔母が、実母であるとは気づいていないふうであった。さらに、老夫婦はひとりの孫娘を引き取って育てていたが、その子がどの娘さんの子どもなのか正面からはたずねにくい雰囲気であった。とりあえず戸籍上の辻褄が合えば、実際に誰が育てていてもよいという了解が農村にはあった。

政府の掲げる人口抑制政策と、そのすき間をかいくぐろうとする庶民の知恵比べのようなものがあるのだろう。どの家にもふたりかそれ以上の子どもがいるようで、都会のきびしい一人っ子政策と比べるとおおらかで法の規制が行き渡らない印象を拭えなかった。しかしである。その印象が豹変する出来事が起きた。

村の真ん中あたり、広場の裏に役場があった。あるとき、その役場に「たいへんなものがある！」と調査メンバーが顔色を変えて帰ってきた。みなでぞろぞろと出かけてみると、なんと、役場の壁にペタリと貼ってある一覧表には村中の既婚者の生年が縦に列記され、横には、初婚の年月、子どもの数（男・女）、すでに施術した避妊方法、人工流産の年月までもが併記されていた。たとえば、女性の場合、避妊に何を使っているかが一目瞭然であり、男性は誰がパイプカット（結扎術）をしているかなどが一目でわかるようになっていた。その部屋は誰でも出入り自由な場所であったので、みなが夫婦の最もプライベートな情報を簡単に知ることになる。ここまであからさまな一覧表を見せられると、「これは恥ずかしがることではなかったのか？」と自分のなかの常識が疑わしくなってくる。しかし、子細にみると、知り合いの誰彼の情報が書かれているわけだから、こちらが夫婦の秘密をこっそりのぞいているようで恥ずかしくなり、そそくさとその場をあとにした。メンバーのひとりは、調査データとしてその一覧表をカメラにおさめていたが、たしかに聞き取り調査では手に入れにくいデータではある。

結局、その一覧表について、わたしはなんの質問もできないままだった。農家の女性に、ああいうふうに夫婦間のことを公表されることをどう感じているのか、と聞くことは、彼女たちに「やはり、あんたたちにはわたしたちの暮らしや苦しみがわかっていないんだね」とあきれられそうな気がしたからだ。ここ、陝北《シャンベイ》の寒村では、何かを「恥ずかしい」と思うことは一種の贅沢といえる。干ばつの程度によっては「物乞い」に出なければならない地方で、避妊方法がどうのといった問題は些細なことで、それこそ「死活」の問題ではないのだった。

たしか一九九三年の夏であったかと思う。滞在も後半になったある日、かすかな予兆を感じ、農家の娘さんに「例のものがはじまりそうなんだけど、生理用品を貸してくれない?」と言った。彼女はにっこり「はい、どうぞ」とあたりまえに差し出してくれた。それは日本で慣れ親しんでいるスマートで、薄くて、軽いそれとはまったく似ても似つかぬ、分厚くて、黒くて、ずっしりと重いものだった。たとえるなら、新聞紙を何十枚と重ねたような外観と手触りだったのだ。受け取ったものの、それを使うには、かなりの決心が必要だったし、ズボンの内側からもその分厚い代物が存在を主張しそうで、どうしても使うことができなかった。

その後、中国ではなく、欧州に長期滞在する機会があったが、どうやら日本の生理用品は世界一高品質ではないか、と確信するに至った。ただ薄くて機能性がすぐれているだけでなく、触感が布のようにソフトにできている。これほどまでに繊細な工夫をこらす国はヨーロッパにもない。

　二〇〇〇年代に入ると、北京と上海で日本製品そっくりのものがスーパーにあらわれ、かつてとは比べるまでもなく品質が世界水準に近づいていた。お金さえ出せば、日本で享受している快適さを得ることも可能だ。しかし、あの地方ではどうだろう。幼いころから、あのようなゴワゴワの固い厚紙を使いつづけなくてはならない人びとの心のなかにつもる「堪忍」の深さは、とうてい豊かな国の人間の想像力の及ぶところではない。

盲目の語り物芸人

　楊家溝村にはひとりの年老いた目の見えない語り物芸人がいた。ひとりで何役もこなす芸達者だった。まず、のどから声をふりしぼり、語り物を歌い語る。同時に両手で大三弦《ターサンシエン》を演奏し、おまけに足にくくりつけたカスタネット状の板でリズムを打っていた。つまり四肢をあまねく用いて演唱するスタイルである。
「陝北《シャンベイ》説書《シュオシュー》」[1]というこの地方の語り物はきわめて合理的にできていた。かつて河北省での調査で、語り手と伴奏者がきっちりと分業になっているのを見ていたため、語り物とはふたり以上で上演するという思い込みがあった。なので彼の姿は印象的だった。

しかも、この芸人は占い師も兼ねていた。つまり、河北でよく耳にした常識「目が不自由ならば、占い師になるか、伴奏者になるか、ふたつにひとつのきびしい選択をしなければならなかった」は、ここではさらに変化して「目が不自由なら占い師兼芸人になる」ということになる。選択の必要や悩みすら許されないということだろうか。

この芸人は窰洞《ヤオトン》の集落内に一戸をかまえ、妻帯し三人の男子をなした。すでに息子たちは都会に出て、知的障害がある小柄な妻とボロボロの窰洞に暮らしていた。何度か通りがかった際に彼の窰洞をのぞいたことがある。どうやって暮らしを立てているのだろうと不思議なくらい荒れ果てた陋屋《ろうおく》だった。ただでさえ貧しく、干ばつがつづくと餓死寸前に追い込まれる村で、このような夫婦がどうやって糊口をしのいでいるのか、謎であった。

だが、その謎も徐々にとけてきた。農家は、誕生日など祝い事があると彼をよぶのをならいとしていた。およそ一〇〇〇軒の集落であるからには、その回数も少なくは

[1] 陝西北部の伝統的語り物音楽。ひとりで三弦あるいは琵琶を奏でながら、歌い語る形式。手足も駆使して打楽器を奏するなどひとり何役も兼ねるのが特徴。

あるまい。少額の謝礼と食事のふるまいにありつけるわけだ。農家から声がかかると、彼はそろりそろりと戸外に出る。杖をついて歩きはじめると、めざとく近所の鼻垂れ小僧たちが集まってきて彼を目的の家まで先導する。

到着するとまず、戸外で数時間の語り物芸を披露する。何しろ会話と異なり語り物となるとこの地方の濃厚な方言に旋律までつくので、何を語っているのかわたしにはさっぱりわからない。庭に集まった人びとも熱心に聴いているかというとそうでもなさそうである。むしろ、語り芸の前に、七二にのぼる神の名を連ねた紅布で祭壇をあつらえ、一連の浄めの儀式をおこなうほうに重点があるようにもみえる。

家長はこの儀式の準備には積極的に動くが、いざ語り物の演唱がはじまるとどこかに姿を消

語り物芸人
語り物＝陝北説書
(シャンベイシュオシュー)は
この地に広がる素朴な芸能。
村で暮らす全盲の芸人が、
手に大きな三弦、足に木製の
カスタネットをつけ、まるで一人で
ボーカルとバンドを
こなすように
器用に演奏する。
雇ってくれた家で
夕飯をご馳走になり、
サービスで占いをすることも。

してしまった。夜になると一家全員が室内に移り、芸人にも簡素な夕食がふるまわれる。

全員の食事が終わると、いよいよお楽しみ、「算命《スアンミン》（占い）」のはじまりだ。手相、顔相などを丹念に読み取るのだが、家族が終わるとこちらにもお鉢がまわってきた。おそらくほとんど洗ったことがないような真っ黒な手でやたら顔を撫でまわす。何やらあやしげな手つきは首筋、そしてすばやく胸にも触れた。老人とはいえ、しっかりと余禄を楽しんでいるようだ。わたしの運勢はなかなかによろしいとのこと、しかし「生涯に三度離婚する」と厳粛に宣言したときに、聞いていたまわりの人全員が爆笑した。占いは当たるかどうかよりも、いかに人びとを楽しませるかが大切なのだろう。

昼間よく見かける、子どもたちが彼を先導する光景は微笑ましいものだった。彼がこの村のなかで果たしている役割は、娯楽の少ないこういった村に楽しい非日常の時間をもたらす道化役であった。

集まった全員の占いが終わるころには夏の夜も更け、満天の星と月までが出ていた。彼が住む窰洞まで家の者が手を引いて送り届けるその小道は十分に明るかった。ふたつの人影がゆっくりと遠ざかっていった。

今、あの夜、ふたつの影を見送ったときを思い出しているうちに、ふと、先日見たテレビ映像が頭に浮かんできた。ある障害者がひとりで都心に出かけて、介助なしに大きな駅で乗り降りし、仕事場にたどり着く。再び仕事を終えて順調に帰路につくはずが、少々時間が遅くなったため一か所だけ、車いすで乗れるエレベーターが終了時間になってしまい途方に暮れるというリポートをテレビで放映していた。たった一か所でも予定が狂うとどんなに環境を整備したところですべては無に帰す。人の手を借りずに障害者が移動することはかくもむずかしい。

あの黄河のほとりの村はバリアフリーとは対極にある。道はでこぼこで起伏が大きく、雨でも降れば泥状になる。しかし、語り物芸人はどこにでも出かけていく。村のなかは完全介助の「バリアフリー」なのだ。人の手を借りるよりほかにしようがないから、当然、人の手を借りる。そういう村の人たちが前述の日本の様子を見たなら、「なぜ、ひとりで動こうとするのか？　まわりにたくさん人がいるじゃないか」とつぶやくような気がする。

二〇〇八年、この老芸人は坂道で足をすべらせ亡くなった。険しい山道を生涯にわたり歩きつづけ、最後は村人のために黄河にほど近い霊験あらたかな廟までお守りを手に入れるための道中の事故であったという。

雑狗と呼ばれる男

「雑狗《ツァーコウ》（雑犬）の子どもの名は小狗《シァオコウ》（子犬）だ」と聞いたとき、あまりの名前にびっくり仰天した。イヌの話ではない、人の話である。

楊家溝村の中心はというと、河沿いの広場、「戯台《シータイ》（石造りの芝居舞台）」である。みなが、何かといっては集まるこの広場のそばに小さな窰洞があった。その家の主が「雑狗」氏、働き盛りの三〇代である。村人がそう呼ぶので、われわれ——日本人、中国人その他多国籍の調査メンバー——もそれにならったものの、なぜ、こんなひどい呼び名がまかり通っているのか腑に落ちないのだった。そこへきて、子どもまでが「小狗」とは……。

中国には数え切れない罵語があるが、「狗《コウ》（イヌ）」ということばは最大の辱めを相手に与えることができる罵りことばの王者のような存在である。日本語の「犬」も「犬畜生」だの「あいつはイヌ（スパイ）だ」といった負のイメージを背負っているが、それと中国語の「狗」では決定的に負のパワーが違うように思われる。その狗に雑種という意味を加えたこのあだ名は相当なパンチ力をもっている。しかし、村のなかで雑狗氏が嫌われていたり、疎外されているわけではけっしてなかった。彼の窰洞が村のちょうど真ん中にあるということもあって、彼は村内のありとあらゆる情報に通じており、村の中心的人物のひとりともみえた。われわれのようなよそ者にとって、声が大きく底抜けに人がよい彼は、貴重な情報提供者であった。

　奇妙な呼び名の由来はこうである。彼はあろうことか孤児であった。親がいても生活が苦しい村で、親からゆずられる農地も家財もさっぱりないわけだ。生まれながらに背負ったこの運の悪さを追い払うために、村人はあえて彼に雑狗という小名《シァオミン》［2］をつけた。屈辱的で悪い名前は邪悪なものを遠ざける、これは中国の伝統的考え方だ。日本にも、わざと忌み嫌う名前をつけ赤ん坊の安寧を願う習慣はあった。

　長じて彼は、人のよさは折り紙つきで人望も得たが本名を呼ばれることはなく幼名はそのまま使われつづけた。なぜだろう？　一般的に考えれば幼少時代はともかく、大人になれば侮蔑的な名前で呼ばれたくないはずだ。そこにわたしは彼の生き抜く術《すべ》があったのではないかと考える。財産をもたない代わりに誰からも気安く声をかけられ、さまざまな情報を仕入れ抜群の情報力をもつことで村内での地位を保つという術だ。もし本当に彼が惨めでみんなから蔑まれていたのならこのようなひどい呼び名は本人が拒否するし周囲もさすがに使えないはずだ。かくして大人も子どももみな安心

［2］乳名《ルーミン》とも。幼名の意で本名よりもこちらを幼少時代は使う。

して彼を「雑狗」と呼びつづけたのだと想像する。

日雇いの労働仕事で生計を立てるうちに、彼は嫁を迎えた。これも村の常識では考えにくいことである。この地方では嫁をとるためにはかなりの財力が必要で、両親がそろっていても畑があっても、嫁とりが困難な男はいくらでもいる。しかも、この支流づたいに下っていくと鎮《チェン》や県城など街に出るわけだが、下流に行くほどに、村の「ランク」が高くなるのである。すなわち、この村より下流から嫁をとるよりは、奥地の上流から嫁をとるほうが容易であることを意味している。悲しいことに、この村は「かなりの上流」に位置している。嫁とりの選択肢は狭くハードルはかなり高い。それなのに、どういうわけかこの男にすばらしく気だてのよい嫁がいた。そして今では三人の子どもまでなしている。

しかし、彼が三児の父になっても、いぜん村人は雑狗と呼ぶ。そして子どもにも自動的に「小狗」というあだ名をつけてしまった。この小狗ちゃんは目がクリクリしたかわいい男の子である。

前章で述べたように、典型的な黄土高原の村としてこの村も向かい合うふたつの山のあいだにある谷にへばりつくようにつくられている。村からはそれを取り囲むいくつもの山肌が見えるのだが、民謡にしばしば「わたしは山の上にいる、あなたは谷にいる……」という歌詞が出てくる。要するに山から恋の歌を歌いかければ、谷にいる相手に届くという情景を歌っているのだ。

しかし、現実にそんなに遠くから声が聞こえるものだろうか。すり鉢状になっている地形がそのような音の反響効果を出すのだろうか、この地方の人びとの甲高いよくとおる声質のせいなのだろうか、と考えるうちに、「そうだ、誰かに肉眼で見える範囲でできるだけ遠い山上に登ってもらい、歌ってもらえばよいのだ」とひらめいた。

翌日、わたしは広場に出かけていき、村一番の大声の持ち主、雑狗氏を探した。彼はわたしの依頼を快く引き受けてくれた。というより、話が終わらないうちにわたしが指さした山をめざして駆けだし、やがて目的地点にたどり着いた。そして豆粒のように小さい彼が思いきり叫んだその声は、はっきりとわれわれのもとに届いたのだ。広場にいた村人は、外国人の奇妙な企てをへらへらと笑って見ていたが、彼は真剣そのもので、もちうる最大限の声量で叫んでくれた。

辺境の村が静かだと思い込む都会人の癖で、「その静かな村は」と言いだしそうになると、この村の広場のにぎやかさを思い出し、「いやいや、けっして静かではなかった。常に人の声がそばにあった」と記憶を訂正することになる。日本のどこであっても、あの村のような活気に満ちた人の気配はないはずだ。人がふたり以上いれば必ず会話がはじまる。無言はありえない、それが中国農村だ。

だいたい、「静かな村」などというものは、中国に存在するのだろうか。

話はそれるが、一九九五年一月、あの大地震が明け方の兵庫県を襲ったとき、わたしは震源地に近い実家にいた。そこは田舎町で平時はひっきりなしに町内放送を流していた。しかし、大地震のあの激しい揺れのあと、スピーカーはコトリとも音を立てなかった。そして、揺れがおさまったあとしばらくしても、路地に出て立ち話をする人はいなかった。みな、家のなかで恐怖に震えていたか、テレビかラジオにかじりついていたのだ。ある中国人が、やはり神戸で被災し道に飛び出たところ、誰も外に出てこず、町が静まりかえっていたと言っていた。そのことをとても奇異に感じたらしい。祖国なら誰も彼もが道に飛び出し口角泡を飛ばして「なんだ？　何が起きた」と大騒ぎになるべき場面である。日本人は驚きすぎると沈黙してしまうのかもしれない。

さて、楊家溝村に戻ろう。嘘のような本当の話として、かの毛沢東がこの小村に滞在していたことがあるというのは、前章でも述べたところである。しかも四か月の長きにわたり窰洞生活を送ったのだ。

一九四七年、国民党軍に追われて陝北を転々としていた時期である。その事実は現在の村の平凡なたたずまいとあまりにかけ離れすぎて、いわば村の「神話」となっている。もう少し地の利がよければ、今はやりの紅色旅遊《ホンサーリュイヨウ》[3]のルートにのれるかもしれないが、毛沢東や周恩来が泊まっていた窰洞群——扶風塞《フーフォンサイ》という名の地主の家——を訪れるのは、忘れたころにやってくる都会のテレビ局や報道関係者のみであった。

ありし日の毛は「観星台《グアンシンタイ》」——なんとロマンティックな名前！——とよばれる村一番の見晴らしのよい崖に毎夕たたずみ村の様子をながめていたらしい。彼は馬に乗って村に入ってきたのだが、その折、村人を集めてこう言ったそうだ。

「ふだんと異なる音を立てないように。いつもどおりに暮らしてほしい」と。そのことばをじかに聞いたという老人から、この逸話を告げられたとき、わたしは大きな衝撃を受けた。「音」に注意を払うとは、なんという感受性の持ち主！　やはり毛の細心さは並の政治家の及ぶところではない、と。

毛沢東は、この辺境の村の喧噪を、雑狗のようなこの村の人びとの大声を、はたして気に入ったのだろうか。

[3] 革命記念地をまわる観光ツアー。

要飯《ヤオファン》からの脱出

「楊家溝村にも「文化大革命」が起こった」、とはじめて聞いたとき、せいぜい形だけのものだったのだろうと軽く受け止めていた。

しかし、実際には死者がでるほどの激烈な闘争が起こっていたのだ。県史を綴った『米脂県誌[4]』という書物には詳しく、敵対する二大グループの闘争について書き記されている。

楊家溝村を二分する勢力のひとつの頭領であった葛朗《ガーラン》の父親は形勢が不利になるとすばやく身の危険を察し、闇にまぎれて家族とともに南へ逃げた。もし残っていたら殺されていただろう。一九七四年のことだった。数百キロを歩いて南下し、たどり着いた村でも、道中と同じように要飯《ヤオファン》（物乞い）をしなければならなかったが、要飯自体は陝北ではめずらしいことではない。干ばつが起これば村人全員が外に出て要飯するのはあたりまえで、誰もそれを恥だとは考えてはいない。要飯は人びととの生きる術のひとつの選択肢として常に脳裏にある。

要飯という行為のすさまじい実態を知ったのは、滞在先でずいぶん親しくなった鄭

[4] 米脂県誌編纂委員会［編］（一九九三）『米脂県誌』、西安・陝西人民出版社。

家の老父の足を見たときだった。彼の足の骨は一部分が極端にゆがんでいた。その部分を指しながら「六〇年代の飢饉のときに飢えたせいで骨が変形した。そのときには家族全員で食糧を求めて要飯に出かけた」と彼は述懐した。

嗩吶《スオナー》を吹く大哥(ターガー)
良いスオナーは地中に埋められた
棺の木から作られるという。
子どもの頃から身体の
大きさに合わせた手作りの
スオナーを吹いているので、
名人がこの地方には
たくさんいる。

さて、葛氏は六歳のときに要飯の憂き目に合い、同時に父親から嗩吶《スオナー》を教えられることになった。彼の故郷の村一帯ではスオナーの名人が多く、手づくりのスオナー一本で生計を立てることが、村を捨てた、つまり農地を捨てた父親にできる唯一の要飯からの脱出方法であった。スオナー吹きを要飯と同義に考える人も多いが、スオナー吹きにもピンからキリまである。スオナー吹きの名人には多くの収入があり人びとから敬意が払われることはいうまでもない。彼の祖父も「鼓王《クーワン》」と称される太鼓の名手、つまりスオナーの名伴奏者だった。しかし大部分は盲人か、日銭を稼ぎたい半農半芸の貧しい男たちだ。

父親は息子のために子どもサイズのスオナーをつくった。当時を振り返って葛氏はこう語る。

「紅事《ホンシー》（結婚式などの祝い事）と白事《パイシー》（葬儀）とどっちがいいって？　そりゃあ、白事のほうがよっぽどましだったね。紅事ときたらだらだらときりがなくて三日間吹きっぱなし。新しい客が来て酔いつぶれて、また次の客が来るってそのくり返しだからね。白事は吹くタイミングが限られているから休憩もとれるし。でも、冬の白事はやっぱりきつかったな。

陝北の葬式では（と言いながら、地面に図形を描く）こういう具合にスオナー吹きの歩き方が決まっているんだ。参列者のあいだをこういうふうに進んでいって、後退するときはまた違う曲がり方でこういうふうに。真冬にこれをやっていると唇が凍りついて動かなくなるし、指先もしびれて感覚がなくなってくる。大人でもつらいこの三、四時間が子どもにとってどれだけつらいことか」。

この話を聞いたとき、陝北は冬の底にあった。マイナス二〇度の乾ききった大地には生き物の気配はなく、河という河は凍りついて岩盤のようだった。ダウンや帽子で重装備しても戸外に出ると半時もしないうちに頭が痛くなった。そんな冬にも少年は大人とまったく同じように葬儀の音楽を奏でていたのだ、継ぎ当ての綿入れを着て。

このスオナー吹きの父子の二人三脚で家族は生き延び、葛氏はめきめきと腕をあげていった。幸運が重なり彼は村を出て、大都会、西安の音楽学院スオナー演奏科に何度目かの挑戦で入学した。すでにプロの芸人として生計を立てていた彼の奏法は、音楽学院で再教育を受け、さらなる進歩をとげていった。指導教授は彼の才能を後継者に値すると認め、卒業後も学院に教員としてとどまるようにすすめた。

音楽学院で教えるかたわら、プロの奏者としての彼に仕事の依頼が絶え間なくくるようになっていた。

「第五世代」とよばれる一九八〇年代にデビューした映画監督たちが好んで使う「西北風《シーペイフォン》」[5]の音楽にはスオナーが欠かせない。葛氏への依頼のなかには陳凱歌《チェンカイガー》監督の『黄色い大地（黄土地《ホアントゥーティー》）』（一九八四年）のスオナーの吹き替えもあった。映画のクレジットに個人名こそ出ていないが彼の名声は西安の音楽関係者に知れつつあった。この年、彼のはじめての独奏曲集――当時はカセットテープ――が発売された。

[5] 北京からみて西北の地方、黄土高原などの音楽スタイル。民謡調からロックまで一九八〇年代の音楽シーンを席巻した。

わたしが彼とはじめて会ったのは、彼が一九九五年の初冬に西安の民族オーケストラの一員として京都にやってきた夜だった。

演奏会は京都コンサートホールの大ホールでおこなわれたが、観客の入りはいまひとつで、どの楽曲に対しても客席からの反応は鈍かった。アンコールの最後の一曲が有名な「女児歌」という『黄色い大地』の挿入歌であった。映画に吹き込んだ著名なソプラノ歌手を楽団に同行させていたにもかかわらず、観客は何の曲かもわからないような雰囲気だった。わたしは演奏が終わった瞬間、「好《ハオ》！」と声をかけた。恥ずかしかったが、盛り上がらない聴衆を前にして力演してくれた団員たちへの精一杯の賛辞のつもりだった。

そして、そのかけ声に反応して団員たちが振り返ったとき、わたしと隣席の調査仲間、Yさんは「あの三人のスオナー奏者の真ん中が葛さんに違いない！」と確信したのだ。楊家溝村出身のスオナー吹きがこの公演に参加しているという情報はYさんが西安からの電話でキャッチしていたが、わたしたちの席からはスオナーを吹く三人のうち誰がその葛氏なのかわからず少々焦っていた。しかし、振り向いた顔のなかに間違いなく「楊家溝村の顔」があった。それは西安で育った都会人にはない、懐かしい土の匂いがする顔だった。

演奏終了後、団員たちの宿泊先に招かれ、わたしたちは楊家溝村にまつわる消息を彼に話した。驚くべきことに、彼は文革で村を追われてから一度も楊家溝村に戻ったことがないという。いや、西安からの険しく長い道のりを考えると、戻ったことがないほうが自然なことなのかもしれない。

年が明けて、翌一九九六年の春節《チュンジエ》（旧正月）にわたしたち調査団は西安から楊家溝村へ向かった。葛氏はわたしたちの車に乗り込み二十数年ぶりに故郷に戻ることになった。

彼は最もお気に入りのスオナーを携え、お洒落な皮ジャンパーにジーンズ、おまけに流行のピカピカの靴をはいていた。日本では農村的な印象が強かったが、村に入ると、彼の姿がきわだってスマートに都会的にみえるのがおかしかった。村人は彼のことをよく覚えていた。もちろん父親のことはさらに詳しく覚えていた。彼はすぐに幼少のころのあだ名で呼ばれるようになり、着いたその晩、鄭家の窰洞で彼がスオナーを吹きはじめると、その際立つ音色に村から多くの人がのぞきにやってきた。

普通、スオナーは高音と低音の二部が絡み合う形で演奏される。その夜は、高音を葛氏が、低音を鄭家の大哥《ターガー》が吹き、その競演はこれまでに聴いたどのスオナー曲よりもすばらしいものだった。

春節の最も華やかな行事は秧歌《ヤンガー》である。村の各家を練り歩くスオナーを中心とする楽隊と踊り手の行列はあざやかな紅で彩られ、黄土一色の景色に華やぎを与える。

各村の秧歌が終わると、今度は米脂《ミージ》県城での「秧歌コンテスト」が開かれる。これはさまざまな団体が練りに練った衣装、踊り、隊列、音楽で競う一大イベントであった。鄭家の次男が先頭に立つ団体には葛氏が飛び入りで参加した。山車《だし》に乗った彼のスオナーは高らかに響きわたり、その技巧はほかのあまたのスオナー吹きを圧倒していた。演奏するときの彼の表情は自信にあふれ、誇りにみちていた。

春節が終わり、本来なら一緒に西安に帰るはずが、葛氏を追いかけてきた音楽学院の若い女性とのごたごたから彼だけが別のバスで遅れて帰ることになった。音楽家というのはどこの国でもモテる職業のようだ。

後日談である。

葛氏は楡林から西安行きの寝台バスに乗りこんだ。春節で故郷に帰っていた農民でバスは満員プラス天井までの荷物でギュウギュウ詰めであった。早朝、彼が目を覚まし、靴をはこうとしたとき、すでにバスのどこにも靴はなかった。盗まれたのだ！

たしかに彼の靴は農村で目立つ高級靴であった。葛氏はしかたなく靴下のまま下車した。バス停から最寄りの親戚の家までタクシーに乗ろうとしたが、どのタクシーもまったく停まろうとしない。はっと気がついた。こんな真冬に靴をはかないで立っている人間は「狂人」と思われるに違いない。何時間待ってもタクシーは停まってくれないだろう。しかたなく靴下のまま親戚の家まで歩きつづけたという。

話を聞いて同情するとともに「やっぱり」という気がした。

あのように目立つ靴を見かけない貧しい村で、ピカピカの靴をわざわざはいてきた葛氏は、少し都会になじみすぎてしまったのかもしれない。

葛氏が村にいるあいだ、幼少のころのままにみなから呼ばれていた愛称は「毛毛《マオマオ》」だった。

第七章　黄河治水局のおじさん

その人の名をわたしは知らない。

黄河の治水に関わる「黄河水利委員会」で働いているということだけは聞いたものの、名前をたずねる機会を逸してしまった。彼とは知り合ってわずか一日で別れて、それ以来会っていないし、おそらくこの先、再会する可能性もかぎりなくゼロに近いだろう。

しかし、そのような短い邂逅にもかかわらず、彼の印象が薄れることはない。いったい、わたしは彼の何にひかれたのだろうか。

一九九〇年の夏、はじめて黄土高原を訪れたとき、豊かな穀倉地帯にある河北省との違いにショックを受け、道中で食事にありつくたびに「次の食事がいつになるかわからない」という空腹への恐怖から知らず知らずのうちに食べすぎていた。黄河にほど近い「楡林《ユイリン》」という街の砂ぼこり舞う街道の食堂で包子《パオズ》（肉まんじゅう）をかなりの量食べたその夕方に突然これまでに経験したことがない激しい腹痛に襲われた。最初は激しい痛みと下痢だけの症状であったが、そのうちぐんぐんと熱が出てきた。翌朝、もうろうとしながら、病院をたずねたところ「慢性爛胃炎」と診断された。後日、この病気が日本には存在しないことを知った。

楡林の病院の診察方法はかなり過激なものだった。まず、電灯のない暗い廊下を進み、いくつかの窓口をたずね歩き、採血の列に並ぶ。前をのぞくと、なんと「ガラスの破片」で耳を切って血をとっているではないか。前の人が次々に耳を切られるのを見ているうちに恐怖感がじわじわこみ上げてきた。自分の番がきてあっという間に血をとられ、耳の傷口を押さえながら診察を受け、処置室に行く。そこには、なぜか病人の付き添い人――ひとりの患者につき四、五人はいただろう――で部屋は異常に混雑していた。衆人の目をふさぐには小さすぎるついたてのなかでわたしはズボンを下げ、おしりに極太の注射針――考えられないような太さ！――を打たれた。二回の注射が必要だったが、情けなくも一回目の注射の激烈な痛みでその場に崩れてしまった。「一回で充分だ」と招待所までふらつきながらたどり着くとそのままベッドに倒れ込み、翌日まで眠り込んだ。

翌早朝、行動をともにしていた調査団の仲間が次の目的地に向かうのをベッドのなかから起き上がることもできぬまま見送ってからは、ほぼ寝たきりの状態がつづいていた。熱と腹痛はなかなかおさまらず、一日二回、招待所の服務員がドアをそっと開け、机に置いてくれる薄いお粥が命綱だった。

そんな日がつづくにつれ、だんだん心細くなってきた。わたしは「このまま誰にも看取られずにこの暗い部屋で命を落とすのではないか」と不吉な予感にとらわれ悪夢にうなされた。日本の家族に手紙をしたためたものの、手紙がつくのは数週間後か、とこのような辺境の地にさまよい込んだ自分の愚かさをかみしめていた。

しかし、若さゆえであろう――今の体力なら命を落とすところであった――、一週間後にはなんとか旅立てるまでに回復した。楡林から西安に戻るためには飛行機が最も速くて便利だが、当時は幹部やその家族以外はなかなか切符がとれなかった。結局、文化局の人に長距離バスの切符をとってもらい、途中で一泊するために必要な「工作証」をもたないわたしが西安まで行けるように手配をしてもらうことになった。

明日はバスに乗るという日、突然、文化局の担当者が見知らぬ中年の男性をともなってやってきた。男性は終始ニコニコしていて、なんともいえない愛嬌があった。この地方の男性が例外なく骨太でむだのない筋肉質の体をもつのに、彼はずんぐりぽっちゃりしていた。買い物に出かけるわたしが病み上がりで足元も危ういと見てとると、当然のごとくついてきてくれた。

明代の建造物も残る楡林の旧市街には小さいが清潔な商店が軒を並べていた。めずらしそうにながめるわたしに、彼は品物の説明などしながら、やはりニコニコしていた。ひとりで寝たきり生活を送っていたわたしは久しぶりに他人と話をした。ここ、陝北《シャンベイ》の方言にはかなりきついなまりがあり、人によっては何を言っているのかほとんど聞き取れないこともしばしばであったが、不思議なことに彼のことばは明瞭に聞き取れた。ゆっくりとわかりやすいことばを選んでしゃべってくれたのだろう。

夕暮れの石畳の小道を行きつ戻りつ、わたしが探す桃のシロップ漬けの瓶を開けるための缶切り「起子《チーズ》」を根気よく探してくれた。その缶切りが結局見つかったかどうかはもう覚えていない。

散歩の途中、「明日の長距離バスは甘泉《ガンチュエン》という街で一泊するのですね」とわたしは言った。

「甘い泉というのはいい名前だが、何もないさびれた街だよ。旅館もひどいしね」と、彼はさもおかしそうに笑いながら言った。なんだかわたしも彼の顔を見ているうちに楽しい気分になってきた。甘泉は彼が言ったとおりのさびれた宿場町で旅館とは名ばかりの宿の布団は一度も洗ったことがなさそうで真っ黒だった。甘泉がその名のとおりミネラルウォーターの産地であることを知ったのはだいぶあとになってからだ。

ふいに、西に沈みつつある夕陽の方角にどこまでもふたりで歩いていけるような幻想にとらわれた。この街から城外へ出るとそこには西域とよばれる砂漠が広がっている。古《いにしえ》に、西へ西へとラクダの隊商が歩みを進めた広大な砂漠の地。

翌朝四時半、まだ夜明け前の真っ暗闇のなか文化局の役人と彼が迎えにきてくれた。長距離バスは都会に出稼ぎに出る農民とその荷物でいっぱいだった。そのなかの実直そうな人に「甘泉にバスが停まったら、この日本人を連れだといって、うまくあんたの工作証で旅館に泊めてやってくれ」と文化局の人が念を押してくれていた。

バスが動き出すとき、わたしは世話になった文化局の人に手を振ったが、彼はあらぬ方向をぼんやりと見ていた。すでに、病気になった外国人の世話という自分の責任を果たしたので車上のわたしには関心がなくなったとみえた。対照的に隣に立っている「おじさん」がやはり例の人懐っこい笑顔でいつまでも手を振ってくれていた。

わたしはこの長距離バスに乗って楡林から甘泉へ、翌日夕刻に西安にたどり着き、さらに飛行機で北京へ飛び、そして大阪へ帰還した。と同時にやっかいな病気からも生還した。

何ひとつよいことのなかったこの年の楡林で、「彼」の人懐っこい笑顔とたたずまいだけが輪郭はぼやけてもあたたかい思い出としていつまでも消えずにいる。そしてその後、何度となく楡林を再訪したが、彼に再会することはもとより、消息を聞くことも二度となかった。

とうとうと流れる黄河
陝西省佳県から対岸をのぞむ。
佳県から対岸の山西省へは
小さな渡し船が行き来している。
佳県には宋代に創建された白雲観という
霊験あらたかな道教の廟があり、お参りする
人が山西省から船に乗りやってくる。

第八章　尿盆《ニァオペン》

一九九六年の春節《チュンジエ》（旧正月）、われわれは調査団のホームステイ先、米脂《ミージ》県から車を雇って「遠出」をすることになった。

二月の初旬というと、この地域が最も寒くなる時期であり、移動の道中、目にする風景は黄土色一色。緑のかけらもなく、河は凍りつき、山肌のいたるところから大きなつららがたれ下がっていた。

わたしはふたりの日本人研究者とともに滞在先から一〇〇キロ以上離れた「横山《ヘンシャン》県」という西の辺境地をめざしていた。ところが旧正月のためか、道中、開いている商店はなく、早朝から何も食べないまま目的地に向かっていた。じつはこの日は早朝から一騒ぎあったのだ。前夜からある村で葬儀がおこなわれ、われわれは、その翌朝から山上の墓に棺をかついでいく親族たちにくっついて埋葬の一部始終を観察していた。親族に前もって話がつけてあると思い込んでいたのだが、村長がうっかり説明を忘れていたため、親族が埋葬の瞬間にもビデオカメラをまわしつづけるわれわれに、怒りを爆発させた。「とっとと消え失せろ」という怒号にわたしたちはほうほうの体で山を下りた。村長にことの次第をたずねてもすっきりする回答は得られなかった。彼は彼で、家族に説明をしたと主張するのである。このような経験はあとにも先にもなく、後味の悪さをかみしめながら、その村をあとにし、横山県に向かったのだった。

運の悪いことに横山県に入ったあと間もなく車が故障して動かなくなってしまった。この日はある山の頂上にある新興の廟をたずね、そこで一泊する予定になっていたため、空腹と疲労を覚えながらも廟をめざして山を登りはじめた。

同行のふたりが軽やかに登山するなかわたしは徐々に遅れはじめ、廟に着いたときにはしゃがみ込みたくなるほどへトへトになっていた。

この廟は、最近評判になっている「毛沢東廟」、略して「毛廟《マオミャオ》」とよばれる類のものだった。陝西省北部は「老区《ラオチュ》」とよばれる解放軍の根拠地、つまり建国前に共産党支配下に入った地区が集中するところだ。したがっていまだに建国当時の英雄崇拝が根づよく生きている。その熱烈な支持が個人崇拝につながり、やがて信仰の対象となっていった。毛沢東ら共産党指導者が「神」として信仰されるようになったのである。そ

横山（ヘンシャン）県の毛沢東廟、略して毛廟。山頂の廟と番人が住む窰洞（ヤオトン）のまわりには黄土の山並みが続く。

のカミは旧来の「廟」という神をまつる建物のなかに、道教の神々と等しくまつられている。なかに入ると極彩色の巨大な毛沢東を中央に周恩来と朱徳が左右に並んでいた。像がリアルでおどろおどろしいのに加えて、廟の壁面に描かれた毛沢東たち「英雄」の生涯を描いた「絵解き」を見ているうちになんともいいようのない圧迫感を感じていた。外の新鮮な空気を吸おう、と仲間から離れ外に出ると、もう限界だった。あわてて廟の番人の住まいである小さな窰洞にかけ込むとそのまま、オンドルの上に倒れ込んだ。

オンドルに火の気はなく、氷室のような室内で小一時間がたっただろうか、ようやく廟の番人のおじいさんが戻ってきて、横たわるわたしに気づき声をかけてくれた。異変に気づいた仲間のYさんがかけつけたとき、すでにわたしの脈は速すぎてとれない状態になっていた。彼女は即座に的確な指示を出してくれた。同行していた中国人には街の西洋医学の病院に行って医師をよぶこと、日本人のK君には山裾にある「中医《チョンイー》（中国医）」をよんでくることなど。車がないため男性陣はそれぞれの目的地まで走っていくことになった。こうなると時間とのたたかいだった。必死にマッサージをしてくれるYさんの励ましの声を聞きつつ意識はもうろうとし、上半身から下半身へと硬直が広がっているのがわかった。とうとうひざの下の感覚がなくなり、自分でも「もうだめだな」と思ったとき、なぜか死の恐怖よりも呼吸の苦しさから解放されることにホッとしていた。

そのとき、外に三輪の音がした。なんとK君は酷寒のなかを走りつづけてふもとの中医を連れてきてくれたのだ。あとで聞いたところ、医者は部屋に入るなりわたしの指先を刃物で切り、「汚れた血」を出してから、丸薬を口に押し込み、注射を打ったらしい。

この荒療治のおかげでわたしは命拾いした。まもなく心臓が楽になり、全身の硬直がゆっくりととけてきた。

すでに気分もよくなり落ち着いたころに、ようやく西洋医が看護婦を数人ともなって到着したが、すでにそのときは心臓も正常に動いており、そのことを確認するとかれらは下山していった。一通りの人の出入りが終わってから、みんなは隣の部屋（窰洞）に遅い夕食をとりに移っていった。わたしはあたたかいオンドルの上でうつらうつらしていた。数時間前には明らかに「死神」にとりつかれていたのだ。おそらく早朝の埋葬時の死者の親族の怒りがこのような事態を引き起こしたとわたしは考えていた。しかし、今はまるで悪い夢から覚めたような気分だった。

隣の部屋からは、酒でも入ったのか、にぎやかにこの地方の民謡を掛け合いで歌う声がきこえてきた。誰か山の下から客人がたずねてきたらしい。

そのときにわかに尿意をおぼえた。零下三〇度近い戸外に出るのは心臓には危険だし誰か来てくれないものか、と待っていると番人のおじいさんが入ってきた。

「尿盆《ニャオペン》を持ってきてくれませんか」と頼むと間もなく、変わった形の尿盆を持って黙って置いていった。ふつう、この地方では野外にしかトイレ――というよりもそれ用の穴――がないので、夜の用足しのためには、寒い戸外に出なくてもよいように、窰洞内に尿盆という陶器製のおまるを置いている。乾燥地帯なので夜中に臭うこともなくわたしも現地では愛用していた。しかし、この尿盆は形が違う。よく見てみると、なんと、それはかれらの主食の粉をこねる「食器」だった。窰洞内の必要最小限の生活用具のなかでも欠くべからざるひとつである。わたしは小麦粉らしき白い粉がこびりついた年期の入った木の器をしばらくながめていた。使いこまれたこの大切な器に放尿することはどうしてもできなかった。さりとて戸外に出ることもできない。「万事休す！」。

考えたあげく、菓子袋をリュックの底から探し出し、それを使った。

翌朝はみごとな快晴だった。昨夕は落ち着いて景色を見る余裕もなかったが、こうしてながめてみると、どこまでもつづく黄土の山並みのなか、廟は孤高の姿でそびえていた。廟の番人が下界と隔てられてどのような生活を送っているのかは想像にかたくない。街から遠く離れたここでは道具ひとつ手に入れるのもたいへんなことだ。水も遠くまで汲みにいくのだろう、小麦はさぞかし貴重なものだろう、と考えていると昨夜の尿盆のことに思い至った。

番人は一夜かぎりの客、見ず知らずの外国人に大切な器を差し出した。もし、わたしがそれを使ったとしても、彼は器を捨てることはできない。再び、もとのまま使いつづけることになる。自分にそういう行為ができるか、と聞かれるとうなだれるしかない。

わたしたちは廟と番人に別れを告げ、次の目的地に向かった。

あれからもう四半世紀が経った。危うく命を落とすという人生最大のアクシデントは忘れることができない体験だった。しかし時とともにその記憶が薄れていく一方で、あのいびつな形の「尿盆」とそれを差し出した番人の節くれだった手はますます鮮明に蘇ってくる。

第九章　人生も戯のごとく

日本でふつうに暮らしていたなら出会うことのない職業の人に出会えるのがフィールドワークをやめられないひとつの理由なのかもしれない。

役者に出会い、その強烈な個性に翻弄されるというような体験も日本ではありえないことだったろう。

中国は戯劇《シーチュ》[1]（芝居）の国である。方言（地方）に相応する劇種があるため、その数、全国に三〇〇種ともいわれる。北京を中心に京劇《チンチュ》が、四川省には川劇《チェアンチュ》、というように土地に固有の劇があるが、陝西省では「秦腔《チンチアン》」という非常に古い伝統をもつ劇種が人気を集めている。西安はもとより、省内の小都市にも劇団が必ず存在する。

楡林《ユィリン》市を経由して村に入っていたわたしたち調査団が「楡林地区文工団[2]（文芸工作

[1] 戯劇とは音楽劇である。歌とセリフ、演技、伴奏音楽で構成され、曲調には地方の方言が色濃く反映されている。北の京劇、南の崑劇など。

[2] 文工団とは軍直轄の歌舞、文芸団で全国に展開された。二〇一七年製作の映画『芳華』（馮小剛監督）ではかつての文工団の訓練や集団生活が鮮やかに再現された。

団）」の団長に出会ったのは、たしか、陝北最大の「廟会（ミャオフイ）」がおこなわれた黒龍潭《ヘイロンタン》であった。ここは龍神の霊験あらたかな泉を中心に新たに建設された巨大な廟で、年に一度のお祭り「廟会」には黄河の対岸からも人が押し寄せ数十万人の民衆で付近の山腹まで埋めつくされる。

廟会とは端的にいえば、神に対して人が劇を奉納する——神を楽しませる——行為をさす。毎年決まった日——神の誕生日など——に、神様のおすそ分けとして人びとも劇を鑑賞するというわけだ。黒龍潭の場合、省内、省外から複数の劇団を招来し、その選に入った劇団は人気、実力ともにお墨付きをもらったことになる。

楡林地区文工団はいまや人気急上昇中の伝統劇の劇団として注目を集めていた。その団長といつの間にかわれわれ調査団のY女史が懇意になっていた。

一九九五年の夏のある日、わたしが窰洞《ヤオトン》の前庭で昼下がりにまどろんでいると、突然、上下ともに真っ白な服装——土地のものは誰ひとりとしてそんな服装をしない——の男性が鄭家の庭にあらわれた。それはまるで舞台にさっそうと登場した俳優のようで、大げさな身のこなし——芝居がかった、とはこのことだろう——であった。実際、彼は俳優すなわち「唱戯的《チャンシーダ》」であった。彼はあたかも旧友に数十年ぶりに再会したかのように、初対面のわたしを抱きしめんばかりに早口でしゃべりたてた。とてもきれいな標準語を話す彼であったが出身は、陝北といってもここから遠く離れた砂漠のなかの靖辺《チンビエン》という街の出身だった。

ようやくY女史があらわれ、彼女の口から彼がこの地域で群を抜く実力の劇団長であり、ここ数週間廟会の調査で協力してもらったこと、今回は村で特別に無償公演をしようという申し出を受けていることなどが説明された。わたしはなかば、納得しつつ、それにしても大仰な身のこなしをする男だな、俳優というのはみなふだんからこんなふうに暮らしているのだろうか、と彼が動くたびにこみあげる笑いをおさえるのに必死であった。

公演の下見のために彼とともに村の中心に位置する芝居用の戯台《シータイ》に向かった。

実際に村で公演をおこなうとなると、村の戯台は幅が狭すぎたため突貫工事をおこなわなくてはならない。清代にできた村の戯台を歩きまわり大声で指示を出す彼を見るために、大勢の村人がわらわらと集まってきた。それは「現代劇」を無料で鑑賞しているような雰囲気だった。彼は一応、村が提示した拡張工事計画に満足したらしく、上機嫌で楡林市へ帰っていった。もちろん運転手つきのピカピカの団長専用車に乗って。

彼の大仰な身振り手振りを見ていて、そういえば中国では、俳優でないふつうの人でも、その社会的地位に合わせて、滑稽なほど演技的になることに、あらためて気づいた。

河北の農村でもこんな体験をした。招待所に泊まっていると、次々と来客がある。外国人と聞くと、副県長がやってくることすらあった。かれらはお供の役人を引き連れて、外国人を「謁見」するわけだが、その仕草や口調にはどうやらモデルがあるようだった。そのモデルとは共産党の指導者であり、どんなに田舎であっても幹部であるかぎりかれら要人の行動様式を模倣することが求められるのである。最も珍妙だったのは、ある副県長だった。女性であり副県長でもある彼女は「副県長」としての振る舞いを何よりも優位に置いていた。したがって、タカラヅカの男役のように、物腰、口調、部下への態度は完全に男性のそれであった。ドスのきいた低い声で「おっそうか。よしよし、何でもわたしに言ってくれ」といった調子で会話がなされる。

彼女が引きあげてから、副県長には夫と子どもがいると聞いたものの、わたしには家庭で彼女が副県長からひとりの主婦に戻るところをとても想像できなかった。

さて、劇団長である。

通常、もしある村が彼の劇団に村の廟会で公演してもらいたいと望むなら、数年前から楡林市にある劇団の本拠地に日参して、「写戯《シェシー》」とよばれる契約を結ばなければならない。文工団は人気が高く、一年の予定はすでに埋まっていることが多い。それが、今回は向こうから「楊家溝村で三日間の公演をしよう」と提案してくれたのだ。これまで一度も写戯を交わしたことのない貧しい村に。

彼は約束どおりの期日に再び村にやってきた。今回は劇団の大型トラックが大道具などを積み込み、数台の車が隊列を連ねて村に入ってきた。それはこの村にとってまれにみる一大イベントであった。ふだん普通自動車ですら通ることのまれな小さな村道にまず、徒歩の劇団員が晴れやかな服装と話し声をともなって到着した。出迎える側の胸の高鳴りはわたしとて村人と同じであった。これからはじまる三日間を想像するだけでじっとしていられないほど気分が高揚してきた。電力を補充するための引き込み線が張られたり、物売りが続々とやってくるなど村は

布団
移動式舞台装置
トラック一台に舞台装置
一式をつめ込み、劇団は
村から村へと渡り歩く。

興奮のるつぼと化していった。

　村がよぶことのできる劇団はどうがんばっても米脂県城の小さな劇団だったので、今回は村人のみならず、近隣の村々からも多くの人がつめかけていた。泊めてくれる親戚がない人は山腹に野宿するという。

　劇団員は総勢五〇名。それぞれ寝具などを持ち込み空き家になっている窰洞を手早く掃除して餃子をつくりはじめていた。これを「起馬飯《チーマーファン》」というらしい。夜の芝居がはじまるまでに腹ごしらえをしておく習慣だ。この餃子には考えられないほどの人工調味料が入れられていたため、食後、喉が渇いて水を飲みつづける羽目になった。俳優がなぜこのような餃子を食するのか、謎である。

劇団
各村に必ずある戯台《シータイ》(石舞台)の上に劇団がトラックで運んできた舞台装置を展開し、数千人の観客が三日三晩古典戯(秦腔)を楽しむ。

いよいよ幕が開いた夜七時には戯台の前はいうまでもなく、戯台を見下ろす山にも蟻のようにぎっしりと人が座っていた。おそらく村の人口の一〇倍近い人が集まっていたのだろう。

秦腔劇「周仁回府《チョウレンフイフー》」では団長が主人公を熱演し、ラストシーンでは彼の創作なる帽子をくるくる回す手品のような技が大きな拍手をよんでいた。

二日目は昼間が伝統劇、夜は一転して「晩会《ワンフイ》」という現代的なバラエティショーになっていた。戯台にはミラーボールが付けられ、ドラムスが民謡をポップス調に編曲して大音響で演奏するという、日本人の感覚からはとても考えられない派手なショーがくり広げられていた。しかし、この晩会こそが村人の最も期待するもので、みな口をあんぐり開けて、まぶしく輝く舞台に見入っていた。このときも団長の活躍は際立っていた。上下真っ白の洋服にマイクを握り、司会をこなしつつ、舞台袖では伴奏の指揮をするという八面六臂の活躍だった。

さて、最終日は不運にも大雨が降り、劇団の大道具は大被害を受けてしまった。その際も莫大な損害額を口にしながら、けっして何かを要求するということのない団長であった。

語りぐさ――「伝説」といってもよいかもしれない――となったこの楊家溝村での

文工団公演が終わり、数週間が過ぎてからわたしたちは村を引きあげることになった。もちろん帰路には楡林市を通過するので、劇団事務所をたずね、村人を代表して厚くお礼のことばを述べるつもりであった。

劇団は常設の劇場の隣に専用のビルをもっていた。団長室に通され、事務方の副団長と談笑していると、突然「今、団員たちは日本公演のための練習をはじめている」という発言が飛び出した。冗談めかしているので、まさか本気でそんなことを考えてはいないだろう、と思いつつ「しかし、待てよ。無償での公演の裏には日本に赴くというしたたかな計画があったのだろうか」という不安を抱きつつ帰国の途についた。

その後の連絡は、主としてY女史が担当していたため、細かいことはわからなかったが、事実だけを並べるなら、一九九五年の夏の初対面からわずか四か月後、団長は単身日本にやってきた。もちろん渡航のための煩雑な手続きや費用そのほかはすべて日本側が負担していた。彼の目的は日本公演に向けての根回しだった。ともかく彼ははじめて出会ったわれわれ外国人にビザの準備から複雑な手続き一切をさせてしまうだけのいわくいいがたいある種の魔力をもっていた。日本滞在中に何度か行動をともにしたが、その立ち居振る舞いは「超一流の俳優がわざわざ日本を視察に来ている」という堂々たるものだった。猿之助（先代）の歌舞伎を見たときには楽屋に「中国を代表する伝統劇の役者」として挨拶に赴いたのだった！

翌一九九六年の秋、多くの学生や市民ボランティアを巻き込んで文工団の日本初公演がとりおこなわれた。団長が精選した団員一八名は楡林市からの長い道のりの最後を鑑真号で大阪南港に到着した。海を見たことのない団員たちは船酔いに苦しんだようだが、団長は疲れの色も見せずに、終始みごとな統率力を発揮していた。

団長は日本で出会った人びとを次々と彼の「とりこ」にしていった。彼に半生を語らせると、それは「一大叙事詩」ともいうべきものになった。聴衆は涙をおさえつつその半生記に聞き入った。

彼は楡林市からはるか西の辺境にある「靖辺」という砂漠のなかの街で育った。生まれ故郷は南京だが、政治的理由で辺境に追放されたのだ。彼の親戚が国民党の幹部であった「過去」が災いして、共産党が政権をとってのち、一族はそろって社会の底辺で下積み生活をするはめになった。彼の劇団生活は劇団のコックという屈辱的なポジションからスタートした。舞台とは関係のない長い下積み生活から現在の地位を得るまでにどのような努力と処世術が必要であったのかは想像に余りある。そんな彼にとって、人のよい日本人を自分の思う方向に操ることなど、いとも簡単なことであったに違いない。

実際、彼は何事にも「誠心誠意」というふうに見えた。その人柄に惚れ込んで、「来年ぜひともうちで（日本に）招待したい」という人が幾人かあらわれた。

翌年、わたしたちとは関わりのない大きな公的団体が後ろ盾となって劇団は二度目の訪日を果たした。

そして、三度目の訪日公演が成功裏に終わると団長は日本への執着がなくなったとみえてパタリと音信が途絶えた。それはまさにみごとなまでのピリオドの打ち方であった。劇場の幕がサッと一瞬で引かれるかのようにわたしと彼の関係は終わった。

今、思い起こすと、団長に終始感じつづけていたある種の「不自然さ」は彼の野心的な行動やことばにわたしが過敏に反応していたためであろう。しかし、そのわたしもある瞬間、彼の話に心底感動し、涙を流したのだ。それは実人生でも舞台と等しく振る舞う彼にしかできない超一流の演技であった。否、演技と本心はこの際、本人にも分けることができないくらい肉薄していた。

すべてが終わって数年が経ち、調査団の仲間K君と話しているときに意外なところに露出していた彼の素顔を知ることになった。

K君は今でこそ大学の教員であるが、あのころは、一介の大学院生にすぎなかった。

肩書きからいえば、Y女史が大学助教授、わたしは非常勤講師、K君は学生ということになる。こういう肩書きはあの国では不動のランクづけとなる。たとえば、宴会が終わり、わたしたちが退室しようとすると団長はうやうやしくドアを開けてわたしたちを通してくれる。まるでどこかの姫君をエスコートするかのような優雅な手の動きだが、そのままわたしたちにつづいてK君が通り抜けようとすると、彼の鼻にバネ式のドア、あるいはドアの代わりの堅いナイロン製の「のれん」が直撃をくらわせていたそうだ。そのたびに「この、くそオヤジめ」と心のなかで毒づいていたという。K君は調査中に出会った陝北の人たちのなかで団長だけが唯一裏表があって苦手だったと述懐した。わたしたちにきちんとランクをつけ、利用価値が低いとみなした学生を黙殺していた団長。そして目的を果たしたとき、わたしも彼の舞台から降ろされた。

彼は今日もどこかで精力的に「人生」という舞台の上で演じつづけているはずだ。

その後、彼はさらなる高い地位をめざし奮闘をつづけた。最終的には省都、西安の中心的劇団で国家一級演員にまで昇りつめた。二〇一八年夏、六五歳という早すぎる名優の死を悼む記事が新聞各紙に掲載された。

Ⅲ 番外編

第一〇章　頑固じいさんと影絵芝居

「長沙《チャンシャー》第一病院」の救急診療の窓口がわからず、右往左往しているうちに、またあのなんともいえない鈍い腹痛がはじまっていた。

二日前に湖南省の省都、長沙の図書館に出向いた帰り「そうだ、長沙には馬王堆遺跡から発掘された二一〇〇年前の貴婦人のミイラが博物館に展示されている、せっかくここまで来たのだから一目見ておこう」と欲張ったのが失敗のもとだった。帰りが遅くなり、あわてて台湾式ファストフード店で食した冷めた包子《パオズ》（肉まんじゅう）に食あたりしたわたしは猛烈な下痢と発熱に見舞われた。ひとり旅ゆえ頼る人もなくホテルのマネージャーに往診を頼んだ。ところがあっさりと「中国の病院は昼間の往診を受け付けないので、自分で病院へ行ってください」と断られてしまった。そのかわりに、ひとりのベルボーイを付き添いにつけタクシーに乗せられた。

見覚えのあるベルボーイだった。八月四日にチェックインしたとき、たしか彼が部屋まで案内をしてくれて、適当なお札がなく五元札をチップに渡したんだっけ。その後、省都長沙から遠く離れた地方に移動して再び、この香港系ホテルに帰ってきたときも、やはり彼が荷物を運んでくれた。あのときは一〇〇元札しかなくて、一元のコインをありったけまとめて渡したのだった。その後も連泊していたので、自然と顔を覚えてしまった。わたしがロビーで何かを探すそぶりを見せると、さっとあらわれ「何をお探しですか」とたずねてくれるのが彼だった。

背の高い、真っ白なホテルの制服姿のベルボーイが周囲の視線を集めながら病院の薄暗い廊下をあちこちたずねるうちに、ようやく内科の診察室にたどり着いた。さっそく、検便と血液検査の用紙を渡され、また右往左往。ある窓口に丸い穴が空いている。ガラスの向こうの検査員が指を入れろというしぐさをする。おそるおそる指を差し込むと、いきなり薄い金属刃で指先を切られた。「ギャッ」と悲鳴をあげると、ベルボーイが吹き出した血を紙で押さえてくれた。

よろよろと診察室に戻ると、医者は「点滴をうけないと明日も動けないよ」と冷たく宣言。帰国＝ビザの期限を翌日にひかえたわたしに選択の余地はなかった。

「点滴室」は四人部屋だった。すでに三床がうまっている。病人には必ず付き添いがいて、ひとりの中年女性が大声で手機《ショウジー》（携帯電話）に向かってわめいている。ほかの病人も点滴をうけつつ、付き添いと大声でしゃべくっている。あまりの騒々しさに点滴がはじまる前にすでに、病院に来たことを後悔していた。

「やっぱり病院に来るんじゃなかった……」。ベルボーイ君――ようやく彼の名札に劉とあるのに気がついた――は律儀に立っているので「座ってください」と椅子を指さしてみるが、職業上の習慣からかけっして座ろうとしない。やがて点滴の針が差し込まれ、長い一時間が過ぎた。瓶の中身はほとんど減っていない。一瓶が二時間で、三瓶六時間か、と数えながら、この一週間、ここ長沙から一五〇キロ離れた衡東《ヘントン》県の農村ですごした日々を思い返していた。

かつて、河北省で皮影戯《ピーインシー》（影絵芝居）を見て以来、この芸能が気にはなりつつも現地調査の機会がなかったわたしに、ここ衡東県を教えてくれた中国演劇研究者は、ある老人を紹介してくれた。彼こそが「この地の影戯《インシー》をすみからすみまで熟知する地元研究者」だという。

その譚《タン》老師はすでに齢、数えの八〇歳。三六年におよぶ彼の影戯研究は、文化館館長を退いてのちも、精力的につづけられ、その幻の大著『衡東影子戯考《ヘントンインズシーカオ》』は、長年出版の目途が立たぬまま原稿が四〇センチほどの厚みで彼の書斎のベッドの下に押し込まれていたのだった。知人の研究者は日本で東奔西走してこの大著を香港の出版社から刊行する助成金を工面していた。刊行前の完成原稿を受け取ることも、今回のわたしの仕事のひとつとなっていた。

二〇〇六年八月五日、四〇度近い猛暑の長沙から衡東県に向かった。湖南省は洞庭湖の南に位置し、省都の長沙から湘江《シャンジァン》という大河に沿って南下すると衡陽《ヘンヤン》市に至る。衡陽の東にあるのが目的地、衡東県であった。大きくみれば、このあたりは揚子江の下流域であり稲作地帯である。河北の小麦畑を見慣れたわたしにとって青々とした稲作地が広がる湖南の風景はなんとも豊かに映った。大枚をはたいて長沙でタクシーを借りあげ、高速道路を使えば衡東まで一時間半ほどの距離であった。ただし、汽車とバスを使うなら、一泊二日の旅を覚悟しなければならない。予約を入れていた衡東賓館にたどり着くと、まるでわたしの到着を待ち構えていたかのように

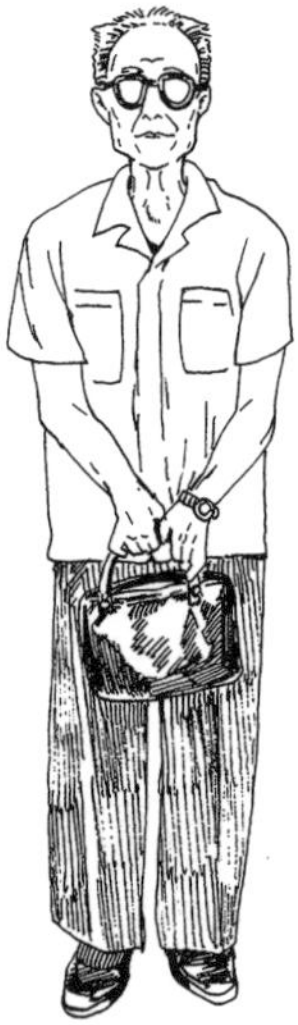
譚老師。

譚老師が夫人とともにやってきた。聞けば歩いて数分のところに住んでいるという。

翌日から、さっそく影戯の上演を見てまわることになった。一日目は近場のある村。ここには老師の次男が住んでいて、連絡がとりやすかったとみえる。長沙から雇ったタクシーの運転手の隣に乗り込んだ老師はさっそく運転手と大声でしゃべりはじめた。車内のラジオの音もかなり大きかったが、それを圧倒する大声で、しかも早口でわたしにとってはほとんど聞き取り不能な湖南方言でまくしたてつづけていた。

農家に到着すると満面笑顔の主人が出てきて、老師と早口、大声でやりとりをはじめた。そのうち、旧知の老芸人がやってきた。彼は到着するやいなや休む間もなく、老師のテープレコーダーにむかって、言われたとおりの歌詞を吹き込まされていた。老師はどこに出かけるにも、このテープレコーダーを手にしっかりと持っており、上演がはじまる前に一節歌わせて、録音テープに収めるのだった。

芸人ふたりが室内に細い竹で、流れるような手順で戯台《シータイ》を組み立てはじめた。計一二本の細い竹とひもでおよそ三〇分後には幕を張った立派な戯台が完成。机をふたつ連結させたその上に載せるとちょうどよい高さになる。

あとは開始を待つばかり。ちょうどこの日は、旧暦七月一五日の「中元節」にあたることから、室内の祭壇には香が焚かれ、供え物が山のように並べられていた。爆竹

牛の皮で作られた人形は
細かな彫りゆえに、美術
工芸品としても人気がある。

手際よく組み立てられる戯台で演じられる
影絵芝居(影子戯)。演じ手は2人1組で、
人形を操り、ドラや太鼓の伴奏と歌を
担当する。長い演目なら半月以上の連続
上演になる。

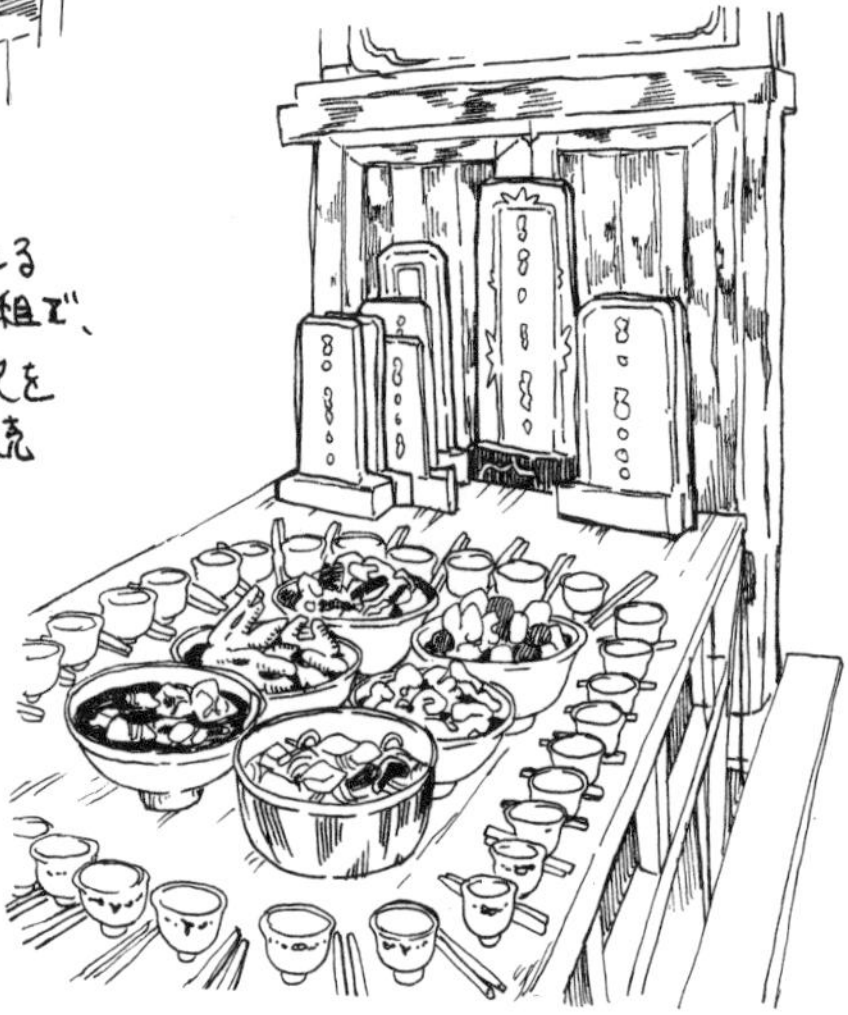

紙銭を燃やす
農家の主婦。

衡東県の農村に到着
した日は旧暦の七月十四日、
ちょうど「中元節(盂蘭盆)」
だった。ご先祖様を
祀った祭壇にご馳走を
お供えして、紙銭が
燃やされる。

が景気よく鳴らされると銅鑼が打たれ、最初の演目がはじまった。近所の農民や子どもが土間に座り込んで見入っている。

歌の節はあるときは悲しげに、あるときは激しく抑揚に富み、「菩薩《プーサー》」とよばれる影絵人形の動きも巧みで見ているものを飽きさせない。

しかし、農作業の合間にこうした上演をする芸人はすでに後継者を育てられなくなっていた。テレビについでＶＣＤ（ビデオＣＤ）、その後、ＤＶＤが行き渡りはじめた農村では、急速に芸能が姿を消しつつあるのは全国どこも同じだ。

こういう調子で滞在中にかつて影戯が盛んだった計四か村をまわったのだが、どこに行っても、譚老師の態度と行動パターンは判を押したように変わらなかった。つまり、外国からやってきたわたしへの気づかいや道案内役をするつもりはさらさらなく、自分自身の調査をおこなうことに集中しつづけた。そして、芸人とは親しいが、自分がほしい録音材料を求める口調は、相手に有無を言わせない役人のような高圧的な態度であった。自分がほしいものを録音してしまうと、本番の上演の際はもはや熱意は失せ、上演後のわたしの芸人への質問には、かれらが口を開く前に自分で答えてしまう。ほかのことはがまんできてもこれだけは許しがたかった。農村ではよくあるインタビューの状況ではあるが、しばらく調査から遠ざかっていたため、この種の妨害にふつふつと怒りの感情がわいてきた。中国では苦労して現地にたどり着いても、けっして農民や芸能者とストレートに話せず、村の役人や地元の知識人などのいわゆる「幹部」が割り込んでくるのだった。かつて幹部によって聞き取り調査が途中で打ち切られたり、村側と険悪になった嫌な記憶がよみがえってきた。「ああ、今回もまたしても幹部の妨害か」とため息をついた。やがて、老師が一方的に尋問する話が一区切り着くと、この地でできた米飯と米の酒、そして真っ赤な唐辛子が浮かぶ激辛の湖南料理の宴でもてなされる。老師は出される農家のごちそうには真っ先に箸をのばし、自分のペースで旺盛に食し、しゃべりつづける。最後にはわたしと並んでまわりに芸人たちを集めて記念撮影をする。この一連の「流れ」を指揮官のように統率し、毎回同じ順序でくり返すのだった。

ある農家は、それまで訪れたなかでもいっそう貧しさが際立っていた。それでも昼時になるとほかの農家以上にご馳走の皿が机にびっしりと並んだ。わたしは心ばかりの謝礼を予定の倍に増やした。すると今度は家中でバタバタと収穫物の袋詰めがはじまった。お土産に、と渡された重い袋には落花生がぎっしりと詰められていた。そのような農家の人びとと別れを惜しむわたしを置いてさっさと車に乗り込むのも老師の常だった。

揚子江の下流域として洪水の多い地域だけに道路が寸断され、結局訪問できなかった村もあったが、おおむね主要な演目は見せてもらうことができた。予定していた上演すべてが終わったとき、わたしにむかって「満足したか？」とたずねるので「当然です。こんな短期間にすばらしい上演を四回も見ることができたのですから」と答えると、さも意を得たり、とニヤリとした。上演のない日は、すすめられるままに老師の自宅で「講習」を受けることになった。自説――影戯の重要性や、自分の半生をかけた研究の意義――を唱えつつ、手書きの資料を次から次へと出してきては、いかにこれらの資料に価値があるかを大声で力説するのだった。

別れの朝がやってきた。「早く来ないと、わしゃ死んじまうからな」と大声で言うので「わたしより長生きできそうですから大丈夫でしょう」と挨拶して、わたしは長沙に戻る車にすばやく乗り込んだ。「やれやれ、振りまわされどうしだった。頑固な老人の家来のような調査も終わったな」とほっと安堵しつつも、動きだす車の窓ごしに彼に会釈しようとすると目が合った。

とても意外なことに老師の目には涙があふれていた。

周囲の人びとに理解されない影戯研究を一生涯かけてつづけてきた頑固な男。その仕事の真価を認める時代はなかなかめぐってこなかった。影戯などは、農民が耕作の合間を縫って上演し、脚本すらないような、だからこそ口承文化として価値がある民衆文化である。それを「研究する」ということ自体、三〇年前には「何を考えているんだ」と周囲に奇人、変人扱いされる行為であったろう。振り返ってみれば、まずは影戯を「四旧《スーチウ》」[1]として徹底的に批判する文革の一〇年があった。貴重な影絵人形が燃やされた暗黒時代である。そしてそれが終わって間もなく、今度は「改革開放」という呼び声のもとに経済第一主義がはびこった。半農半芸の影戯芸人は農地を捨てさっさと商売替えをし出稼ぎに行ってしまった。それでもわずかに残っていた芸人には、最後のとどめとして「無形文化遺産」[2]ブームの波が押し寄せたはずだ。地方政府がこぞって無形文化遺産登録をめざし、芸能をステージショー化する奇妙な熱病が二〇〇〇年代に蔓延した。民俗芸能が畸形化され、そのにわか仕立ての演芸ショーは元の芸能の息の根を止めるかのようなインパクトをもっていたはずだ。さらに不運なことに老師は文革期に二度にわたって投獄され、それぞれおよそ一年間の刑期を終えている。罪状は「国民党の残党」という根も葉もないものであった。夫人が「彼の一生は苦労の連続だった」とこぼしたのも誇張ではないはずだ。今は少ない年金を大事に使いながら、影戯の上演の機会が激減し、芸人が消滅していく今の時代に逆らうように影戯研

[1] 旧思想、旧文化、旧風俗、旧習慣。

[2] 中国では非物質文化遺産と称する。

究をつづけている。

この半世紀を、ただひたすらみずからの信念を杖として、影戯のもともとの姿、古態を追い求めた老師であった。その仕事の価値を認めたのは地元ではなく、遠く離れた日本の研究者だった。ひとり目は彼の渾身の研究書を出版する約束をした。そしてふたり目となるわたしが原稿を受け取りにはるばる日本からやってくるという。その訪問をどれほど心待ちにしていただろう。滞在中、朝から夜まで、彼なりに精一杯歓待していてくれたのだ。自宅での講習も、ほかに聴き手がいない彼にとって何よりの喜びだったはずだ。ところが、わたしは彼が役人のように強引で農民に対して無礼で高圧的だと怒り、完全につむじを曲げてしまった。自由に研究ができる国からやってきてその国の流儀で「無礼」と断じてしまったわたしはなんとも傲慢であった。

その後、残念なことに湖南省を訪れる機会はついぞめぐってこなかった。「長沙で倒れて入院した」と話すと、たいていの中国の友人は「真夏に長沙に行けば誰だって病気になるよ」となぐさめてくれる。

第一一章　かくも長き一八年

廈門という島がある。標準語ではシアメンというが、アモイのほうが通りやすい。アモイはいうまでもなく閩南語《ミンナン》[1]の発音である。現在では橋が渡され陸つづきになっているが大陸と少しばかりの距離をへだてているだけに、この地には独特の魅力がある。たとえるならば、香港のイメージに近いだろうか。華僑を多く輩出した廈門人の特性をあげるなら、頭の回転がすこぶる速く商才があり、冒険心、進取の気性に富むことだろう。

だが、亜熱帯のこの島からやってきた朱《チュ》氏のことを思い出そうとするたびに目に浮かぶのは、大学の学舎に通じる坂道を寒そうに前かがみで歩く色白で長身の彼の姿だ。季節は冬。不思議なことに、夏服半袖の彼をどうしても思い出せない。

初対面の印象は鮮やかだ。一九八八年、はじめての河北農村調査から戻り興奮冷め

[1]　福建省南部の方言。古代中国語を残しており、日本語の発音との類似がみられる。

やらぬわたしは大学の留学生寮をたずねた。中国人留学生が多いその寮で方言を聞き取れる研究協力者を探そうとしていた。直前まで友人と卓球をしていた朱氏は汗を拭きながらわたしの農村調査の顛末に耳を傾けてくれたが廈門出身では方言的に聞き取りは無理であった。彼は民俗学を専門とし、学年でいうと二年上になるが、年齢は七歳ほど離れている。というのも彼が一二歳のときに文革がはじまったわけだから、学校とは名ばかりでまともに一〇年間わりをくった世代になる。

初対面ののち、調査地出身の別の留学生が見つかったことで、彼と会うこともなく半年が過ぎた。そんなとき、突然ある相談を受けた。「どうも今の指導教官と意見が合わない、ずっと悩んできたが、このままだと博士学位をとることもむずかしいので、あなたの指導教官を紹介してほしい、自分の研究テーマも音楽に関係しています」と。また、重ねて「こうみえても、わたしはアコーディオンの名手です！　文革中はずっと慰問など演奏活動をしていました」と的外れなアピールをした。前回あれほど熱弁をふるっていた折口信夫からなぜ音楽学へ転向？　アコーディオンって？　彼のあまりに能天気な物言いに、わたしは呆気にとられていた。その後、彼の超楽観主義にはいつも驚かされることになるのだが……。わたしは内心、紹介したところで、専攻を変更したり、研究室を移動したりすることはできないだろうと教授の気難しい顔を思い浮かべていた。また、このような重大なことを知り合ったばかりのわたしに頼む気が知れなかった。しかし無下に断るわけにもいかず、しぶしぶ教授に彼を紹介した。ところが、意外にも彼に会った教授は上機嫌で、研究室を移ることをあっさりと許可した。彼の研究テーマが日本古来の音霊《おとだま》信仰に関するもので、音楽学的テーマであったことと、完璧な日本語能力、それも書く能力の高さを評価しての特例だったかと思う。実際、彼が移ってきたその翌年には教授が大規模な国際シンポジウムを統率することになり、彼は中国からの多数の参加者の論文翻訳や通訳で大活躍することになった。そして数年後には数多くの院生のなかから助手に抜擢された。能力もさることながら、持ち前の明るさ、楽観的な言動がそういう幸運をもたらしたのだと思う。当時すでに就職氷河期ははじまっていて、研究職につけないオーバードクターたちは暗い表情でみずからの不運をぼやいていたが、彼の口から愚痴を聞くことはなく、要領よく各種の奨学金や助成金を獲得していた。思い出すのは、ほかの人なら簡単にあきらめるようなことでも軽々と乗り越えていく機転だ。あるとき、最も締め切りに厳格な機関が要求する書類が国際郵便では間に合わないことがあった。彼はあっさりとこう言った。「今から空港に行きましょう、中国便は毎日飛んでいます。搭乗客に書類を託せば間に合います」。このとき、その手を使ったかどうか忘れてしまったが、そんな彼にとってたいていの難題はいとも簡単にクリアされるのであった。

しかし同じ研究室にいながらも彼のプライベートな側面を知ることはほとんどなかった。会って話す話題はつねに研究にまつわることばかりだった。知り合ってすでに一五年が過ぎ、独身だった彼はいつの間にか三児の父になっていた。このことも彼の故郷、廈門を訪れることになって知ったことだ。前年に母校である廈門大学の助教授として迎えられた彼がわたしの講演会を企画してくれたのだ。

この講演会は彼がわたしの博士論文を中国語に翻訳出版し、その完成を祝うという趣旨でおこなわれた。翻訳や出版の経費が日本の助成金でまかなえたこともあって、この仕事の最後はわたしの廈門訪問で楽しく盛り上げようという彼のはずむ気持ちが行く前から伝わってきた。

廈門行きは二〇〇三年三月下旬と決まった。地図で確かめると、台湾や沖縄にほど近い。南国をイメージしてわたしは夏服を旅行鞄に詰めていた。ところが前日になって「この一週間、寒い日がつづいているのでコートを着てきてください」とのメールが送られてきた。半信半疑でコートをもっていくと実際、セーターを着込まなかったことを後悔するほどの冷たい風が吹いていた。やはり、ここも大陸の一部だったのだ。太陽が昇れば気温は上がるが寒暖差の大きさは日本と比較にならない。彼は厚手のジャケットを着込んでわたしを出迎えてくれた。やはり冬服以外の朱氏はありえない。

廈門大学は校門からの道のりが長い。湖のような池や高層の校舎ビルが甍《いらか》を争うようにそびえる敷地は巨大な公園のようで、緑の芝生と椰子やデイゴなどの樹木が南国のリゾートのようにゆったりと広がっていた。北京や西安など内陸部の色彩に乏しいキャンパスを見慣れた目には楽園のような景色だった。

到着してさっそく、彼の上司たち、大学の文学関係の教授を交えた夕食会があった。そこである教授が「彼のことは一〇代のころからよく知っていますよ」と言った。事情がわからず聞き返してみると、文革中に田舎の印刷工場に送られた彼はその作業所で現在の上司にあたる教授とともに工員として働いていたという。想像力を鍛えないと、こういう事態は日本で生まれ育ったものにはうまく飲み込めない。

日本留学などそのころの彼には夢のまた夢だったに違いない。また、ひとつ彼の素顔に近づいた気がした。


講演会でのテーマは、いまどきの若い中国人学生の興味をひかない「中国農村の口承文化——研究とその意義」であった。

じつはわたしが農村の語り物芸能に関心を抱き、現地調査をはじめたころ、何度か彼に愚痴をこぼしたことがあった。農村の幹部が調査の障壁になることや、交通や通信の信じがたい不便さなど、都市部出身の中国人に愚痴をこぼしたところでしかたがないのだが、言わずにはいられなかった。彼の反応は「農村はあなたには無理でしょう。ほかの研究対象に変えたほうがよいのではないですか」というものだった。

しかし、わたしは頑固なところがあって、もう嫌だ、と思いつつ結局、足かけ七年間同じ農村地域に通いつづけ博士論文を書き上げた。この論文は翌年には日本の出版社から刊行され、予想外に多くの反応を得、書評も少なからず掲載された。それで少々自信ができたわたしは、中国語訳本の企画を彼に持ちかけたのだ。彼の日本語能力と専門分野を考えると、ほかに適任者はいないと確信できた。

二年近くかかった翻訳の作業の仕上げに記された彼の「訳者あとがき」にこんなくだりがある。

「二〇代の日本人女性、彼女は、その人生の最も華やかな花様年華《ホアヤンニエンホア》の一〇年間を中国北方農村の語り物ジャンルの研究に投じた…」[2]。

このことばは、一九八〇年代後半の農村の閉鎖的な状況を知り、そして一見気が強

[2] 井口淳子／林琦［訳］朱家駿［校訳］（二〇〇三）『中国北方農村的口傳文化——説唱的書、文本、表演』、廈門：廈門大学出版社。

そうに見えはしても、とても中国人女性がもつ強靱な精神力にはおよびもつかない日本の女性を知る彼ならではの素直な気持ちから出たことばだと思う。

大学での講演会が終わったのは夜も一〇時を過ぎたころだった。学生は全寮制なので、帰宅時間を気にせず、教員もキャンパス内か近隣に住んでいるので、誰も急いで帰宅せず、ゆるりと会場に居残っていた。生暖かい風がそよぐキャンパスのなかを宿舎に戻ろうとふたりで歩いていると、突然、新聞社の社旗を掲げた車がすり寄ってきた。なかから彼によく似たお兄さんが降りてきた。にこにこしながら、「疲れたでしょう、今から足浴《ツーユィー》（フットマッサージ）に行きましょう」と誘ってくれた。兄弟のなかでも最も親しい兄だと紹介しながら、彼は小声で「明日からの旅行は兄がすべて手配してくれたのです」と言った。

そして、翌日からマイクロバスで近隣の古都、泉州《チュエンチョウ》に出かけた。泉州は古くから海に開かれた大陸の窓口として知られている。そして、古い民俗芸能の宝庫でもある。わたしは厦門に戻る一行と別れてひとり居残ることにした。以前から気になっていた伝統的な語り物芸能「南音《ナンイン》」をこの目で見てみたいと思ったからだ。街のいくつかのスポットで南音の楽団に出会うことができた。最も水準の高い楽団のひとつ「南音研究会」には、かれらが集うかつての茶館で出会うことができた。椰子、ソテツの木や南国の草花が生い茂る古い庭園の一角で琵琶や洞簫《トンシァオ》（竹製のタテ笛）などを伴奏に演奏される南音は北方の音楽にはない優雅さで、まわりの豊かな植物や水に呼応するかのように、まろやかに響きが広がっていった。

じつは短時間の滞在でこうした南音の楽団をたずねあてることは意外にむずかしい。はじめての土地で触覚をはたらかせ、いくつかの楽団を探しあてたわたしをさして「彼女は厲害《リーハイ》（隅におけない）だ」と彼は周囲の人に向かってため息まじりにつぶやいた。「厲害」ということばは悪い意味――程度や状態がひどい――に使われることが多いが、この場合は最大のほめことばと感じられた。

泉州から戻ると次に鼓浪嶼《コロンス》島に向かった。コロンス島とは廈門から五分ほどフェリーに乗ると到着するかつての租界地である。島全体が戦前に建てられた欧州諸国の洋館で埋めつくされ、コロニアルな雰囲気が濃厚なこの島は、彼が最もわたしに見せたかった自慢の場所であった。島にはガジュマルの木が生い茂り、奇岩がむき出しになっている南国風景を背景に、建設当時のまま手を加えられていない洋館が一幅の絵のようなたたずまいをみせていた。ある洋館などはピアノ博物館になっていて、当時の西洋人居住者が使用していたピアノやのちに華僑から寄贈されたピアノの名品が陳列されていた。島の頂上にのぼっていくと鄭成功記念館があり、鄭が部下とサイコロ

泉州の南音（ナンイン）
古い港町、泉州には茶を喫しながら
南音を聞く場所がいくつかある。
庭園の一角にある亭内での演奏は
周囲をかぐわしい南国の植物に囲まれ、
音がやわらかく空気を満たしていた。
唐代の面影を残す南音の調べは
どこかもの悲しい。

に興じている等身大の彫刻があった。

「このサイコロには言い伝えがあって、中秋節にいくつかのぞろ目が出るとその次の年に願いごとがかなうのです。わたしは一度だけ、日本に行く前の中秋節にそのぞろ目が出て、来年は日本に行けるぞ、と周囲の人からはやされたものです」と彼はなつかしそうに言った。

サイコロのぞろ目が出て、年が明け、春に日本にやってきた彼にとって、あこがれの地は、どう感じられたのだろう。おそらく留学生にとってつらい土地であったのではないだろうか。というのも廈門や泉州で出される食事が高級なものから屋台のB級グルメまで、その食材の豊富さ、洗練された味つけに感嘆していたわたしは、彼が日本での食生活にさぞかし苦労しただろうと気づいたからだ。

とくに郷土料理のなかで彼がすすめたのが地元で「土筍凍《トゥースントン》」とよばれる一種の虫のゼリー（煮こごり）であった。この虫は海岸の泥のなかに生息し、泥を含んでいるため、調理の前段階でその泥をきれいに掃除することが必要になる。そしてきれいになったものをゼリーで固め、スライスしたものが前菜として供される。最初はこわごわ口にしていたわたしも慣れてくると、この奇妙な味のとりこになってしまった。このような繊細な料理の数々が出てくるたびに、留学生時代、食材が高かった日本で苦労しただろうなあと、あらためてその当時の彼の生活に何の気配りもしなかった自分自身の想像力のなさに思い至った。

今回、彼が母校に戻ることに妻子は猛反対したという。日本の生活に慣れた家族にとって中国はまだまだ不自由で発展途上の国にうつったのだろう。しかしそんな家族もいまやここでの生活に満足しているという。給料は安くなったが生活そのものの質は向上した、と彼はくり返し言った。それはけっして負け惜しみではなかったと思う。歩いて数分の距離に職場があり、ゆっくりと買い物をしてから出勤し、帰ると家族で夕食を楽しむ。そのうえ、田舎から出てきた遠縁の娘さんを家事手伝いに雇っていた。このような生活は日本では実現不可能である。

彼がわたしの本につけた訳者あとがきの日付は二〇〇三年「二月二五日」になっている。この日は彼が日本での一八年にわたる生活に終止符を打ち、故郷に帰った日であった。奇しくも一八年前に船で日本に到着した日が同じ「二月二五日」だったことに、彼は特別な符合を感じていた。「こんなふうに一八年の時をへだてて数字がぴたりと一致してしまったのですから、わたしはもう二度と日本で暮らすことはないでしょう。その意味を込めてあとがきの日付を書きとめました」と説明した。

一週間の廈門滞在中に彼の家族や兄弟、そして高齢の両親にまで会うことができた。

一五年間の付き合いの浅さ――研究上においては最も近しい友人のひとりではあったがプライベートまで立ち入らなかった――を埋めるかのごとく、わたしたちは距離を縮めた。

帰途につくわたしを空港まで送ってくれた彼に向かって、わたしはこの一週間の手厚いもてなしに対する礼を述べ、少し感傷的になって「長い付き合いだったけど、まさかあなたの生まれ故郷に来ることになるとは思いもかけなかった」と言った。彼は「ご縁があったのですね」と微笑みながら言うと、一転、表情をきびしくして「ここから先、見送り人は入れませんから、半時間ほどここで（外で）待ちます。万一、この先、搭乗するまでに何か問題が起きたらわたしの携帯電話に連絡してください」と言った。かつての閉鎖的な時代と違って今の中国では「万一」のことは何もないだろうが、彼の半生のなかで、その「万一」が起こって奈落の底に落ちるような経験があってのことばだな、とわたしは納得した。

わたし自身も、農村で、考えられないような不条理――書類の一点の不備のために滞在許可が下りないといった――に遭遇している。彼が直面した不条理はわたしの比ではないだろう。一九八〇年代後半から映画でくり返し描かれてきた文革期の不条理を実際に体験してきた世代には、その世代共通の用心深さが身にしみついている。

「何事も一〇〇パーセント安全ということはありえない」という身体にきざみ込まれた教訓を背負う朱氏ではあるが、彼の楽天主義は健在で、重い教訓をもはね飛ばしているようだ。時折、忘れたころに、「妹子《メイズ》へ」、という書き出しからはじまる新たな出版企画や奇抜なビジネスの提案を書き綴ったメールが届いてはわたしを苦笑させている。

第一二章　パリの台湾人

楽亭《ラオティーン》県ではじまった研究は、思いがけないところからヨーロッパにつながっていった。

というのも、楽亭で調べていた語り物、大鼓《ターク－》にはその歌詞などを記した「脚本」が存在する。もっとも、わたしが付き合うような農村の芸人や研究者は、都市部で刊行された脚本には関心がないし、接点もあまりない。そもそも文字が読めない非識字者も多かった芸人の世界である。こういった芸能の脚本は二〇世紀初頭までは都市部で盛んに印刷出版されていたが、農村まで伝わるには、地元の知識人が脚本を古書市などで買い求めて読み、書き写したり、あるいは当地の芸能に合うように改編したりすることで、ようやく芸能の現場におりてくる。

この種の脚本は、もうひとつの役割を果たしている。すなわち、庶民の「読み物」、大衆の「娯楽読本」としての役割だ。

ヨーロッパに目を転じるなら、イギリスの「チャップブック」やフランスの「青本」などの大衆本の存在が知られているように、この種の「民衆本」には社会史などの分野から注目が集まっている。脚本であれ読み物であれ、本はそれ自体が民衆の歴史を語るものとして重要な価値をもつ。

わたしは農村調査のなかでいくつかの語り物の脚本を偶然目にした。形態は線装本といって文字どおり糸で綴じたものや、石印本という豆のように小さな活字で組まれた小型印刷本もあった。口承で伝わっていると思い込んでいた芸人の語りに、脚本が少なからず影響を与えていることにも気づくようになっていた。一〇〇パーセント口頭でなされる伝承や演唱がないことは考えてみればあたりまえなのだが、現場にモノとしての脚本が存在しないことでこの芸能には脚本がない、と勘違いをしてしまうのだ。

中国で清朝末期から民国時代に刷られた語り物の脚本「鼓詞《クーツー》」を探しはじめてすぐにわかったのは、一〇〇年前には盛んに出版されていた廉価な鼓詞は大衆の読み物として人気があったものの、現在、ほんの氷山の一角といえる数しか残っていないということだった。

かつて、北京、上海をはじめ全国各都市に書局《シューチィ》（印刷所）が林立し、「石版印刷」という新技術を得て、大量印刷されたその多くがうち捨てられるか、相次ぐ内戦や文革などの混乱のなかで消滅していった。

もっとも、消滅の最たる原因は「保管するほどの価値もない」という人びとの価値観にあったように思う。粗悪な紙に印刷された線装本など、所蔵や収集の対象にはならなかった。トイレの落とし紙として使われたことすらあったであろう。

ところが時代が変わった現在、そういった脚本は、たとえば北京では、北京大学や北京師範大学の図書館の「古籍《クーチー》」専用のブースに仰々しく保管されている。そして閲覧するのも手続きが必要で一苦労する。蔵書数が最も多い中国芸術研究院の曲芸研究所――古式ゆかしい四合院《スーハーユアン》の集まる街の一角にある――にいたっては、前もってしかるべき紹介者がいないと、書庫の鍵も開けてもらえないという状況になっていた。そこでも、閲覧にはきびしい制限がつき、コピーできるものであれば、一枚につき法外に高いコピー代金を請求される。かつては大衆の読み物としてほとんど週刊紙なみの扱いだったであろう大衆本が、出版年代が古いというだけで稀覯書扱いになっているのだった。

そのようなとき、ある脚本を求めつづけるうちに、ヨーロッパにこの種の民衆本が所蔵されているという情報を得た。数量的には多くはないものの、漢字で書かれたものを、その内容にかかわらず大切に扱うヨーロッパでは、こういった通俗的民衆本もきっちりと保管している。このあたりは日本も同じで、通俗的なものを大切に保管しているからこそ、ある種の版本は本家の中国になく日本にのみ存在するという現象が生じている。

二〇〇三年、ドイツの小さな大学町——とはいってもれっきとした旧西ドイツの首都——ボンに半年間、研究休暇をとり滞在しているあいだに、ドイツ各地はもとより安い飛行機チケットを利用して、ヴァチカン、ライデン大学（オランダ）、プラハの個人宅など大学図書館や個人収集家をたずねて、大鼓をはじめとする語り物の脚本探しの行脚をつづけた。

そのはじめてのヨーロッパでの経験から、「数は多くはないが、大陸で消失したものが欧州にある可能性は高い」ことを確信したわたしは、再度、欧州調査を試みようとしていた。

ドイツで目星をつけつつも、まわりきれなかった図書館のひとつに、フランス国立図書館がある。「ＢｎＦ」という略称でよばれるこの図書館は漢籍の所蔵数でも欧州で指折りであり、おそらくその膨大な古籍のなかには、語り物関係の刊本が混じっているのではないか、とわたしは期待に胸をふくらませていた。

二〇〇五年の初夏に問い合わせメールを送ったものの図書館からの返事はなく、ウェブサイトに出ている情報もあまり役に立たなかった。そんななか、ふと思い出したのが、以前来日したときに少しばかりお世話をしたことがあるパリ在住の台湾人音楽学者丁《ティン》氏であった。彼は福建省生まれの台湾育ち、フランス国籍をもち、フランス国立科学研究所の研究員（国家公務員）である。若いころ、ソルボンヌ大学に公費留学し、卒業後、研究員の職を得た彼はそのまま母国には戻らず、フランス国籍を取得し二重国籍となり、家族とともにパリで暮らしていた。

わたしは彼にメールで、「ＢｎＦに資料調査に出向きたいのだが、図書館の利用手続きなどを教えてほしい」と頼んでみた。彼は近年習いはじめたばかりの日本語、あるいは英語で返事をまめに送ってくれた。

図書館が本格的な夏のバカンスに入る直前に滑り込みでパリのシャルル・ド・ゴール空港に到着したわたしは、市内のホテルで数時間眠ったあと、七時間の時差と旅の疲れで、ぼんやりしたままホテルの小さなロビーで丁氏を待った。「そうだ、何か食べておかなければ」と夜勤のアフリカ系男性にたずねると、親切に近くのおいしいパン屋の場所を教えてくれた。約束は朝の八時半。丁氏は一日を有効に使うために図書館の開館時間に合わせて待ち合わせ時間を設定していた。約束の時刻きっかりに彼はドアを開けて勢いよくロビーに入ってきた。

わたしは彼のいで立ちを見てギョッとした。頭には野球帽のような黄色いキャップ、その帽子に合わせた派手な配色の黄色と紫のナイロンジャンパー。帽子には漢字で台湾原住民族○○と入っていて、ヨーロッパに団体旅行でやってくる大陸のツアー客のような――ツアー客ももっと洗練されている！――服装であらわれたのだ。ともかく挨拶を交わし、「パリは何年になりますか」とたずねると「二八年！」と答える。そんなに長くパリに住んでいて、自宅はパリ中心部、勤務先はこれまたセーヌのほとりの一等地、そして自家用車までもつ彼が、なぜ、このような「中国人団体客」と思われるような服装をしているのか……。

ともかく、メトロへと急いだわたしたちは朝の通勤客が並ぶ切符窓口の列に加わっ

た。次は丁氏とわたしの番というときに、さっとうしろから若いブロンドの髪をなびかせた女性が割り込み先に切符を買った。おそらく外見からしてわれわれを「アジア人観光客」で手間どるとみて、割り込んだのだろう。わたしはムッとしたが、丁氏は涼しい顔をしていた。その後、この種の不愉快で差別的な振る舞いがあっても丁氏は常に「気づかない」ふうをしていることに気づいた。そして彼はこうわたしにアドバイスした。「カフェでサービスが悪いときはギャルソンにチップを渡さないように」と。

メトロを何度か乗り継ぎ、セーヌに面したベルシー地区にある図書館新館[1]で半日を費やし、まず面倒な入館手続きが終わった。フランス人は「対話」を重要視するとみえて、利用カードの発行のためにはひとりずつブースに入り、ほの暗いブース内で一対一の面接のような対話が交わされる。係官はフランス語しか受け付けないので、丁氏が通訳をしてくれた。大ぶりなネックレスと胸元が大きく開いたシャツを身につけた係官の優雅なしゃべり方と、大げさな表情と仕草に思わず見とれつつ、「こういう非効率的なやり方を押し通しているとはさすが文化大国！」と感嘆した。

面接を終え無事、分館であるリシュリュー館——元は王宮——への許可証を手にしたわたしと丁氏は、再びメトロに乗り込みベルシーから今度は西の方角、ルーブル美術館にも近いリシュリュー通りに向かって移動をはじめた。ひとつ目の乗り換えで、長

[1] フランソワ・ミッテラン館。セーヌ川に面した本の形をした斬新な巨大建築でも知られる。

い連絡通路に人影がないことに少し不安をおぼえた。しかも、わたしたちのうしろにはぴったりと三人の不審な少年たちが付いてきているではないか。「丁さん、うしろ、変ですよ」と言いつつすべり込んできたメトロに乗り込んだその瞬間だった。少年ふたりが彼のポケットから財布を抜き取ってホームに飛び降りた。いったんは閉まった手動ドアを彼はグイと押し開け、フランス語を機関銃のように発して罵倒した。おそらく、おのぼりさんの観光客と思い込んでいたであろう少年たちは、ギクリとし思わず財布を差し出した。丁氏はそれを取り戻すと、車内の乗客に向かって、早口でたった今起こった「事件」を説明したが、こういうことは日常茶飯事なのか、みな、関心のなさそうな表情で反応はなかった。

ともかく、パリ初日でこういった乱暴な行為を目の当たりにしたことで、わたしはメトロに乗るのがすっかり怖くなってしまった。路線によっては車内の雰囲気が殺伐としていたり、人影がない薄暗い乗り換え通路があったりする。そういう場合はカバンをぎゅっと握りしめ、背後に不審な気配がないか注意しながら緊張して乗車していた。

その後、リシュリュー館には三回通ったが、それ以外の東洋学系図書館も英語がなかなか通じにくいことがわかった。もちろん東洋文献担当の司書は中国語が読めて話せるわけだが――司書が中国系であることも多い――最初の関門である一般受付では、英語もダメでフランス語しか通じないというところがほとんどだった。そういうわけで、当初予定していた以上に丁氏にお世話になることになった。彼は研究員という比較的、融通のきく身分であり、しかも秋の授業がはじまる前で、わたしが求める以上に、みずからすすんで案内を買って出てくれたのだった。

しかし、二八年間パリに住みつづけているわりには、首をかしげたくなることが多かった。たとえば、移動に欠かせないメトロも、乗換駅をよく間違える。また、どこにどういう店があるかというような世俗的な知識は皆無だった。あるとき、有名なデパート、ボン・マルシェのすぐそばに立っているのに、わたしがたずねても、「そんなデパートあったかなあ」という調子だった。食事やカフェも、一介の旅行者よりも情報に疎く、いつも行き当たりばったりの店に入るのだった。たいていがまずくて観光客が目立つような店だった。そのかわり、自信をもって推薦し、招待してくれた中華街のレストランは安くて美味だったし、チャイナタウンとして名高い一三区のなかでも最もディープな中国を感じさせるうらさびれた空気が漂っていた。

ある日、移動の途中で、パリ最古の教会、サン・ジェルマン・デ・プレ教会に差しかかった。「ちょっと休憩しましょう」と彼はスタスタと教会に入り、木の椅子に座るやいなや遠慮なく弾丸のような勢いで喋りはじめた。すると、地元の敬虔な信徒らしき老婦人が振り向き、彼に「静かに！」と注意した。彼もカトリック信徒のはずだが、教会は歩き疲れたときのための涼しい休憩場所と割り切っているように見受けられた。

つまるところ、彼はパリに住んでいてパリにあらず、パリのなかの小さな中国――一三区界隈――と、はるか彼方の台湾――それも山岳地帯の少数民族――にしか関心がないようだった。そういえば、はじめて出会った日本での国際会議には多くの中国系学者が参加していたが、丁氏はそのにぎやかなグループには我関せずであった。大陸系の学者との付き合いはほとんどなく、むしろ日本とのつながりを大切にしているところに彼の台湾人としてのアイデンティティをうかがうことができる。

滞在も最後になったある休日、彼はわたしをドライブに誘ってくれた。有名なモネの私庭、ジヴェルニーに連れて行ってくれるという。パリから二時間ほど高速道路を西に走るとブルターニュ地方に近づく田園風景のなかに、あまりに有名なあの「睡蓮の池」のある庭とモネのアトリエがあった。彼は到着しても車から降りようとせず、車内で中国語の本を読んでいた。一、二時間後、庭とアトリエを堪能し、上機嫌で出てきたわたしは再び彼の車でパリの方向に向かった。

車道沿いに風情のある田舎風レストランが看板を出していた。わたしたちは遅めの昼食をそこでとることにした。店の扉をあけると主人が笑顔で出迎えてくれた。そこでいきなり丁氏は「ボンソワール（今晩は）！」と挨拶を間違えた。わたしはいくらなんでもと笑いを必死でこらえたし、主人は、フランス語ができない観光客と思ったに違いない。しかし、料理を運びことばを交わすうちにすっかりかれらは親しげに話し込むようになった。焼き物のデキャンタに入った赤ワインと皿にどっさりもられた貝、鴨肉のソテーなど、たっぷりの量と素朴な味の家庭的なレストランだった。

ジヴェルニーからの帰り道、街道沿いの
料理店で遅めのランチをとった。
焼き物のデキャンタに赤ワイン、
メインディッシュはブルターニュ産の貝が
山盛り。盛りつけにこだわらず、
食べきれないほどの分量と
素朴な味付け、そして
店主の笑顔がすばらしい。

レストランを出ると、しばらくして、丁氏は道に迷ってしまった。しかたなく道ばたに停車し、通りがかった村の人にたずねると、とても丁寧に教えてくれた。言われたとおりに走っているとようやくパリ方面の標識が出てきた。そのとき、丁氏はフランス語で何事か――おそらく「神のご加護を」といったことば――をつぶやき、村の方向に向かって、感謝を示すように片手を窓から出してヒラリと振った。
その洒落たしぐさを見たときが、彼がパリで長く生きてきたことを実感することのできた唯一の瞬間だった。

帰国後、「二八年パリに住んでいても、たった今、中国からシャルル・ド・ゴール空港に到着した観光客のような丁さん」のことを話題にせずにはいられなかった。それは笑いを誘うエピソードであったが、時間が経つにつれ「街の風景にけっして溶け込むことなく背を向けて生きつづける彼の強さとは、何だったのだろう」と考え込むようになった。

それはパリという街でフランス人でもなく、中国人でもなく、台湾人というなかなかに説明がむずかしいアイデンティティを背負っていることから生まれた強さかと思われた。

中国とフランスの縁は深い。第一次世界大戦時には一二万もの兵に代わる中国人労働者をフランスに送り込み、その後も五四運動（一九一九年）後、欧州に学べと数千名にのぼる留学生をフランスに送り込んだ歴史をもつ。周恩来、鄧小平ら共産党の指導者のなかには、フランスで勤労しながら学んだものが多いのはよく知られている。フランスも中国文化に熱い視線を送りつづけてきた。改革開放後、両国は急接近し、中国系企業の財力を背景に大がかりな文化フェアも頻繁に開催されている。

台湾人は大きくなる一方の中国の存在感の圧力に対して小さな声でしかし毅然と「わたしは中国人ではなく、じつはフォルモサ、麗しい島と呼ばれた台湾の出身です」とつぶやきつづけているのではないだろうか。

六年後、わたしは新たな研究テーマのために再び、パリを訪れた。そのとき、丁氏は出張中で会うことはできなかった。しかし、パリを離れる日、出張から戻った丁氏はみずから車を運転して空港まで送ってくれた。もちろんあのキャップとジャンパーというお決まりの服装だった。

そしてさらに歳月が過ぎ、二〇一九年、共同研究者とふたりでパリをはじめとするフランス各地での資料調査に出向いたときは同行者が仏語を話すため、丁氏に連絡はとらなかった。しかし、同行者はとても用心深い女性で、「アジア系、とくに中国人をターゲットにした暴力事件が多発しています、気をつけましょう」と言った。たしかにニュースでもこのところの欧州での極右政党支持層の増大や移民排斥の高まりを報じていた。わたしは不特定多数の人が集まる列車やホーム、道路では一目でアジア系とわからないよう帽子とスカーフで工夫した。つまり自分を隠したのだ。そのときに、丁氏があのような服装を押し通していた「強さ」を心底理解できた。あの服装は言ってみればわざわざその身を危険にさらす行為であった。危険と不愉快な差別を引き寄せることと引き換えにしても、彼は自分が台湾人であることを隠さなかったのだ。

第一三章　想家《シァンジァー》

一九八〇年代後半の貧しくて素朴な中国を知るものとしては、その後、改革開放政策が進んだ一九九〇年代はまだしも、二〇〇〇年代になると、出かけるたびに度肝を抜かれるほど、この国の変化は激しいものだった。都市部は世界のどの街とも変わらぬ高層ビルが林立し、グローバル企業が進出、流行ファッションに身を包む若者が闊歩する。モバイルをとおしてなんでも手に入る享楽の街のなかで、それでもひとつ路地裏に入ると昔ながらの建物や人情が残っている、それがミレニアム中国都市の風景だ。

一九八〇年代の中国を知るひとつの手段として映画がある。映画界では傑作を輩出した一九八〇年代作品を第五世代、その後はどこで線を引くのか明確ではないものの第六世代とよんでいる。第五世代の代表的監督にはともに文革で農村に下放された陳《チェン》凱歌《カイガー》や張芸謀《チャンイーモウ》がいる。陳の『黄色い大地（黄土地《ホアントゥーティー》）』は黄土高原、張の『紅いコーリャン（紅高粱《ホンカオリャン》）』、『初恋が来た道（我的父親母親《ウォーダーフーチンムーチン》）』、『あの子を探して（一個都不能少《イーガトウプーナンシァオ》）』は山東、河北を舞台にしている。黄土高原の荒地や山東、河北の小麦、コウリャンが実る大地は第五世代の骨太な作品を彩るシンボリックな景観だった。第六世代になると、カメラは都市に向けられ、たとえば、都市を無機的ともいえるクールな映像で描く婁燁《ロウイエ》監督の上海、南京、武漢にはもはや一九八〇年代の牧歌的中国の欠片もない。描かれる人物も農民から都市生活者に変わり、世界の大都市となんら変わらぬ個人生活が繊細な感性で切り取られる。

「九〇後《チウリンホウ》」という世代のよび方があるが、一九九〇年代に生まれた若者が貧しい中国や文革を知らず、年長者から見ると異星人のように感じられたことから苦笑まじりに使われたことばだった。その前にも「八〇後《パーリンホウ》」というよび方があった。古い世代と若い世代のあいだの世代間断絶は日本の比ではない。とくに文革の一〇年を知らない子どもにその親が家庭内でどのようにあの時代を語り継ぐのだろうか。そのような文革を知らない

若い世代の女性と寧波《ニンポー》で出会った。

二〇一六年三月、暦とは裏腹にまだ冬のたたずまいの寧波に出かけることになった。

寧波大学というマンモス大学のなかに芸術学院という美術や音楽のカレッジがあり、そこで講演をすることになったのだ。なんでも若い音楽学の講師が日本での一年間の邦楽研究を希望していて、その受け入れ先になってほしい、ついては講演と顔合わせを兼ねて寧波に来てほしいと上海の旧友から頼まれたのだった。

ちょうど春休みでもあり、日本とは仏教をはじめとして縁の深い江南の古都を見てみたいという気持ちもあり引き受けた。

到着の翌朝、まず旧友夫妻がにぎやかにホテルにやってきた。ふたりは日本への留学経験があり日本語に不自由はない。少し遅れて徐《シー》さんが室内に入ってきた。

その姿を一目見て咄嗟に、わたしは受け入れをお断りしようと思った。

想像していた研究者像とはかけ離れた華やかな容姿――上海でよくみかける完璧なメイクやファッション――、そのうえ、日本語はこれからはじめようというゼロの状態だったからだ。

学生を聴衆とする講演を終えたあとは、徐さんから寧波観光に誘われた。大学所有のワゴン車で郊外の古刹や古鎮をめぐるもてなしはありがたかったが、日本への受け入れを断ろうと思っている手前、居心地が悪かった。寧波の奥行きあるたたずまいや美食や喫茶文化――中国茶の産地であることから、凝ったつくりの茶館も多い――には魅せられたが、だからといって、軽々しく相手の希望を受け入れるつもりはなかった。華やかな都会育ちの彼女がひとり大阪の下町の質素な学生寮で暮らせるとは思えなかったからだ。民間のアパートで暮らすとなるとまずことばに困るだろう。

上海に戻る旧友夫妻に、彼女が日本に来るのは無理だと思う、と率直に告げた。すると夫人のほうが「いいえ、彼女は絶対に大丈夫です」と揺るぎない確信をもって反論した。今はことばが不自由でも、彼女ならすぐに日常会話くらいはマスターできるし、何よりも彼女には不可能を可能に変えてしまう精神力がある、と力説されてしまった。友人夫妻になかば押し切られるようなかたちで一年間の受け入れを承諾した。

店員さん
清楚
竹箸で
配膳
してくれる
オーナー
店主の趣味と
センスが結集
している
いたるところに古道具や美術品が、
店内には お香が 焚きしめられている
瓜
竜岩
収蔵庫のような
香りのお茶
様々なお香
黒檀
美猫

鼓楼（クーロウ）という古い市場へ行く。
当の鼓楼は新しいものだったが、石垣は古いらしい。

硯屋にて
硯石でできた鉢を購入。

古い建物の
向こうにビル

お茶器専門の店、
熱帯魚屋など
様々な店がひしめく。

店の2階部分
渡り廊下に
鉢植え

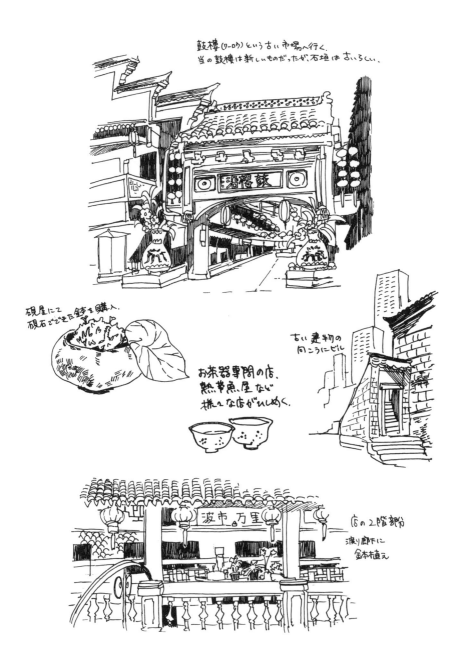

道の端に座りこんで
足の爪を切るおばちゃん
フロントに
防風布つきの
電動スクーター
餅をハサミで
切り続けるおばちゃん
味見させてくれた
表面はサラサラ
中はもっちり
茶の味
竜岩
味はライチ、硬くて薄い殻
をむいて食べる
火龙果
(ドラゴンフルーツ)
アボガドは
「牛油果」
と表記
瓜を味見させて
もらった
山竹
不思議な
果物
釈迦 38元／斤
夕食
麺、焼きギョウザ
鴨の舌
ホテルの厨房では
コックさんがスマホをいじりながら
調理していた(調理は早い)

四月、新学期がはじまると、徐さんは大きなトランクとともに大阪にやってきた。さすがに学生寮は無理だろうと、大学そばのアパートを借りておいた。布団と若干の家電品以外に何もないガランとした部屋で、これからはじまる生活に必要な注意事項を話せるだけ話して、わたしは部屋をあとにした。

四月は新学期だけに忙しく、徐さんにまで手がまわらないというのが正直なところだった。彼女は毎週わたしの少人数クラスの授業を受講していたので顔を合わせることもでき、日本での生活をエンジョイしているものとばかり思い込んでいた。

ところが、ある日突然、わたしの研究室をたずねてきた彼女は、思いつめた表情をしていた。「どうかしたの?」と問いかけると、話そうとする唇が震え、大きな瞳からポロポロと涙が落ちた。驚いたわたしが「想家嗎《シャンジァーマ》(故郷が恋しいですか)?」とたずねると大きくうなずき、アパートでのひとり暮らしの孤独と残してきた七歳の娘のことが気になり、このままでは耐えられそうにないので一度帰国してくると言った。

一度帰国したら戻ってこないのでは、と心配したが約束どおり、二週間後には彼女は戻ってきた。

わたしは彼女が帰国しているあいだ、反省することしきりだった。自分自身も今の彼女と同じくらいの年齢のとき、小学生の双子を残してドイツのボン大学に研修に出かけた。夏風邪をこじらせ咳が止まらなくなり、医師に往診を頼んだ。やってきた医師にわたしは「日本に帰りたい……」と思わず口走った。口に出したとたん、ホームシックが病気の原因だったと気づいた。そんな経験があるというのに、なぜ彼女の心中を察することができなかったのか、今度戻ってきたら、もっと親身に寄り添おうと考えていた。

幸い、彼女は帰国を機に再び元気を取り戻し研究への情熱を復活させてくれた。わたし以外にも親身に日本語を教えてくれる友人が増え、邦楽の稽古に励みはじめた。そして夏休みになるとさっそく娘さんを呼び寄せた。

京都の祇園祭や、学会、演奏会など誘える機会には必ず彼女を連れ出した。

そして冬になり、毎年大学で開催される音楽ワークショップにも誘ったところ、興味津々といった表情で、やってきた。

このワークショップは作曲家（野村誠氏）を中心に、音楽経験のない市民がプロのオーケストラ団員や音楽大学の教員と共同で新たな作品をつくりだす、というユニークな試みであった。

こういった「コミュニティ・アート」とよばれる社会音楽活動はイギリスなど海外

では増えているものの、日本ではまだまだ少ないし、中国のようにクラシック音楽の新興国では未知の領域である。しかし彼女はじつにスムーズにワークショップに溶け込んでいった。

ワークショップの何回目かに、彼女をみなに紹介する場面があった。わたしは、「徐さんは大阪に来て、想家（ホームシック）になってしまった」と話した。もう笑い話にできるほど彼女は日本に溶け込んでいた。すると作曲家はこの「想家」、家を想う＝ホームシックという中国語に敏感に反応し、その年に完成した作品には副題が「想家」とつけられ、《茉莉花《モーリーホア》》という中国民謡の旋律が挿入されていた。この民謡は全国的に知られているばかりかオペラ《トゥーランドット》により海外でも知名度が高い。だが、もとは江南地方発祥の歌で、寧波では当然地元の民謡ととらえられている。

再び寧波大学へ

一年の滞在を終えようとするころ、徐さんに邦楽（地歌箏曲）の師匠である家元から「記念に舞台に出てみませんか」という声がかかった。驚くべきことに、わずか一年でむずかしいとされる「地歌」を三味線で弾き歌いできるほどになっていた。堂々と和服をまとい舞台で師匠とふたりで地歌『黒髪』を演奏し終えた彼女に「どんな気分？」と感想をたずねたところ、「気持ちよかった！」とカラカラ笑った。あとで、師匠にたずねると、「すごいですね。以前、先生が上海音楽学院から受け入れてお稽古に来られた何《ハー》さんもわずか一年で難曲の『石橋《しゃっきょう》』を舞台で弾かれたが、彼女たちはできない、と絶対に言わない。これは日本人にない特徴です」と。何さん――やはり一年間の客員研究員――の名前が出てきて、なるほど、彼女たちふたりはよく似ている、と納得した。ふたりはいずれも超難関の上海音楽学院で音楽学を学んだ猛烈な努力家だ。加えて容姿端麗、細やかな気配りもできる。何さんは大学院生だったので、大学寮が閉鎖される正月はわが家で数日過ごしたが、すぐに子どもたちはなんでもこなせる彼女を「天才少女」とよぶようになった。

　何さんと徐さんふたりにはもうひとつ共通点がある。それはこの世代の女性に共通のきっぱりとした結婚観だ。上海や寧波のような大都市に住む若い女性が結婚条件として重視するのが相手の経済力である。とくに上海の場合、持ち家がない男性なら未婚女性の対象にはならない。何さんは帰国後、日本語を忘れまいとして日本語学校に通うようになった。そこで日系企業に勤務する男性と出会った。彼は上海生まれの上海育ち、そして両親は彼のために一等地のマンションまで用意していた。何さんは青島出身なので大学の宿舎に住んでおり、結婚相手に住居がなければ上海で暮らしつづけることはむずかしい。彼女は会社員との交際がはじまるとみるみるうちに垢ぬけて美しく変身した。そして数年が経ち、二児の母となった彼女に再会したとき、何さんは「普通」に戻っていた。つまり、結婚後はモデルのような体型も、完璧なヘア・メイクも不要となったのだ。わたしは思わず「何さん、どうしたの?」とたずねてしまった。するとと彼女もわたしの質問の意味がわかり、産後のお腹をさすりながらゲラゲラ笑った。日本の女性も相手の経済力などの条件をきびしくチェックする人は多いが、彼女たちはチェックするのではなく、最初から条件を満たす男性しか見ていない。それでも結婚生活は円満だし、誰も不幸にはならないのだ。

さて一年が過ぎ、無事故郷に戻った徐さんはその返礼としてか、わたしとワークショップの仲間たちを寧波大学に招待してくれた。

二〇一八年の年の暮れ、作曲家と邦楽、ガムラン、シタールの演奏家からなる六名の寧波大学ツアーが実現した。

彼女はキャンパスのあちこちにポスターを貼り出すなどして、中国ではなじみのない市民ワークショップの参加者をうまく募ってくれていた。初日の夜、学生や子どもたちが五〇名以上も集まり、夜の大学教室で日本と同じように自由な雰囲気のなかワークショップが開かれた。《茉莉花》の旋律を日中両国のそれぞれの伝統楽器で奏でたりハミングすることで、ことばの壁も難なく突破できた。

今思い返すと、この寧波大学での経験はわたしの中国体験のなかで異色のものだった。大学院生であった一九八七年以来、一貫してわたしにとって中国はあくまでも研究、調査の対象だった。

北方農村の語り物音楽にはじまり、黄土高原、そして上海と三〇年にわたり各地に通いつづけてきたが、常にわたしは問いかける人であり、問いに答えてくれるのはフィールドの人たちだった。いってみれば恩恵を受ける一方の年月だった。たとえばあるとき、ビデオで撮影したわたしの調査風景を見た同業者が笑いながらもなかば本気で「植民地主義的な調査だね」と言ってのけてショックを受けたこともあった。訪問者であるわたしが農家で手厚いもてなしを受けている映像だった。

この寧波訪問は、研究を離れて、中国の人たちと「ともに何かをする」ことを目的にしたはじめての旅になった。しかしそれも、徐さんというパートナーの献身的なサポートがあってはじめてこのような体験が可能になったのだが。

わたしはインタビューをせず、ノートや鉛筆も持たなかった。記録よりもその場を共有すること、目の前の人を見ること、音を聴くことに集中した。

ワークショップでは《茉莉花》の旋律をベースに、その場で偶然、子どもや学生がつぶやいた「眼精和嘴吧（目と口）」と「我難以自拔于世界之大（世界の大きさに押しつぶされそう）」ということばにメロディーがつけられ「歌」になった。子どもたちも学生も、そしてわたしたちも演奏や音楽づくりに夢中になった三日間だった。最後の夜、ひとりの少年が母親とともにホテルにやってきた。「作曲家が演奏した鍵盤ハーモニカがどうしてもほしい、どこで買えますか？」という質問に、わたしは思わず日本から持参した楽器を差し出した。しかし直後に「どうしよう、もし渡した楽器がきっかけで彼の人生が変わったら責任をとれない……」と怖くなった。これまでの調査で相手の人生を変えるなどという可能性を感じたことはただの一度もなかったのに。

徐さんは、ワークショップのない日中はわれわれを中国最古の図書館「天一閣《ティエンイーガー》」や三世紀に建立されたアショカ王や鑑真ゆかりの阿育王寺《アーユィワンスー》などあちこちの名所旧跡に案内し、夜は夜で自家用車を駆使して広い大学構内を人と楽器を運ぶために深夜まで何往復もするなどの奮闘ぶりであった。中国ならではの想定外のアクシデントもあるにはあったが、彼女の口から「できない」ということばはやはり出てこなかった。

初対面のとき、とっさにわたしが抱いてしまった「華やかな都会の女性」というイメージはすでにさっぱりと払拭され、育児と仕事に奮闘するたくましく頼りになる友人がそこにいた。

さらに、寧波では彼女の両親と会うこともできた。教員を退職した父親は若いころ、知識人ゆえに故郷から三〇〇〇キロ離れた中ソ国境に近い黒竜江省の佳木斯《ジャムス》の南、文化不毛の地、樺南《ホアナン》県で暮らした。毛沢東が唱えた、知識人こそ農村で労働すべしという「上山下郷《シャンシャンシャシァン》運動」に応じてのことであった。黒竜江省は「北大荒《ペイターホアン》」とよばれ、開墾が困難な手付かずの荒地に、文革期には都会から多くの学生や知識人が集められ開墾労働に従事させられた。冬はマイナス三〇度になる荒地での労働生活のなかで徐さんの父親は現地の女性と知り合い結婚した。つまり徐さんの母は辺境の酷寒の地で生まれ育った東北人《トンペイレン》だった。平時なら出会うはずのないふたりである。父親が故郷の寧波に帰ることができたのは徐さんが生まれて二年後のことであった。

思えば徐さんは母譲りと思われる古きよき伝統を身につけていた。たとえば、寧波の料理に出てくるめずらしい素材についてたずねると即座に詳しい答えが返ってくる。若い世代にはめずらしいことだった。旧暦にともなう時候の挨拶や、相手の健康に対する細やかな気づかいも、考えてみると世代的には古くさいと思われるものだった。それは母から娘へと受け継がれた辺境の地の知恵と習慣だった。

精一杯わたしたちをもてなし、空港まで見送ってくれた彼女からしばらくして通信アプリにメッセージがポトリと届いた。

そこにはいつものような礼儀正しい挨拶はなくただ一言、「老師、今夜はなぜかあなたが思い出されてしょうがない。おかしいわね」とあった。

窓から空をみるときれいな月が出ていた。

寧波と大阪では同じ月を見ることができるのだ。

第一四章　人を信じよ！

わたしは二〇代から三〇代なかばまで河北省、黄土高原など毎年のように農村に通い、語り物芸能や音楽を追い求めてきた。今、振り返ると、それは改革開放の呼び声のもと、中国農村の調査そのものが外国人に可能になった黎明期であり、その成果を学会などで発表しても、見当違いな質問やコメントが寄せられ落胆することが多かった。

そもそも河北省や陝西省といっても、わたしが属する学界で具体的なイメージをもつ人は少なく、苦労の割には報われることがない分野かもしれない、という自覚はあった。報われなくてもよい、関心を集めなくても農村文化のエキスパートになろうと思っていたが、二〇〇〇年代に入ると肝心の農村の変質が耐え難いほど大きくなっていった。経済至上主義によるあからさまな拝金主義、出稼ぎの激増など農村は急速に疲弊、変質していった。

調査地の急速な変化に悶々とするなか、二〇〇九年に「上海租界」という新たなテーマが浮上してきた。自身が住む大阪と上海の戦前戦後のつながりに興味をもったのだ。このテーマにとりかかった当初、さほど確かな展望があったわけではなかった。ところが、はじめてみると、農村研究と異なり、日本国内に研究者の厚い層があった。たとえば、二〇〇九年のことだったかと思うが、大阪で開かれている小規模な上海史研究会に参加するようになった。わたしは正規メンバーではなくオブザーバーであり、門前の小僧といった顔つきで隅っこに座っていたのだが、河北や陝西との大きな違いはその場にいる全員が上海に足しげく通い、上海についての専門知識を共有しているため、文学、西洋史、東洋史、比較文化といったそれぞれの研究分野が違えども、否、違うからこその議論のおもしろさがあった。二次会を行きつけの蕎麦屋で、その後も話し足りず、三次会で最終電車に間に合うぎりぎりまで上海についての熱い議論がつづいた。

そのような国内の研究者ネットワークがあること自体、それまでのわたしからするととてもうらやましい状況だった。中国語に「冷門《ロンメン》」と「熱門《ルーメン》」ということばがあるが、農村研究は専門家が少なく関心をよばない冷門であり、上海研究は間違いなくその逆のホットな分野、熱門であった。

さて、上海に軸足を移してからも、資料を求めるフィールドワークはつづいた。最初の数年こそ、上海の徐家匯《シージァフィ》にある上海図書館分館、蔵書楼《ツァンシューロウ》［1］に通っていたが、その後、フランス国立図書館、のちにラトヴィアやフランスのナント、ブルジュ、リヨンと租界研究は租界そのものを形づくった欧州人の母国での資料を求める旅を必要とした。

そして、上海研究は農村では出会うことのない都市出身のエリートたちとの出会いももたらしてくれた。都市に生まれ育ったあまたの研究者たちのなかでも、同世代のある女性研究者との出会いと一〇年以上に及ぶ交流は彼女をとおして個人が体験した中国現代史をオーラル・ヒストリーとして聴く体験につながった。

一昨年（二〇一九年）の夏、わたしはフランス語が堪能な彼女を頼りにふたりで上海フランス租界の一次資料を求めるべくフランスを旅した。この旅は長距離移動が多く列車のなかは彼女の半生記に耳を傾けるひとときとなった。

彼女ははじめてのフランス訪問を数年前に果たし、今回がまだ二度目であった。「フランス語が思い出せない……」と言いながらも学生時代に学んだフランス語を使えることがうれしくてたまらない様子だった。朝食を買おうと駅構内のパン屋に並んだと

［1］外国語新聞や古洋書の専門館。一八四七年に開館。

きも「若いころの中国ではクロワッサンがどういう食べ物かまったく想像もできないのにこの単語を覚えたのよ」と笑うのだった。

彼女が大学に入った時期は、まだ文革収束からわずか数年後だ。学生寮は一〇人一部屋、みなが等しく貧しく、ヨーロッパの文化は星のように手が届かなかった時代である。大切な成長期には文革期がすっぽりと重なっている。西洋文化や伝統文化はきっぱりと否定され、共産党の思想教育一色だった一〇年が与えた打撃は想像に余りある。

文革がやっとのことで幕を閉じ、それまで停止していた外国語や外国文学の学科が再開され教授たちがキャンパスに戻ってきた。彼女はフランス語を学び、しかしフランスを訪問するチャンスもないまま時が過ぎた。天安門事件（一九八九年）の直後に日本にやってきた彼女は大学博士課程で比較文学・比較文化を専攻した。その研究テーマは文学者や文学作品そのものよりもしだいに国境を越えたアジアの文化交流にシフトしていった。

そんななか、上海租界の劇場文化をめぐる共同研究がはじまり、わたしはそのグループのなかで彼女と知り合ったのだった。

出会ってすぐに意気投合したわたしたちはこれからも研究仲間、友人でありつづけるだろう。ならば、これまでわたしが出会ってきた農村の人びとと彼女はまったく異質の存在だろうか。長く日本に住まうことで彼女は日本人化しているのだろうか。答えは明確に「ノー」である。

都市、農村にかかわらず、中国の人には共通の核のようなものがある。それは、一言でいうなら生きることへの執着と肯定、旺盛な生命力、そして人としての強さだと思う。逆に、われわれは、とくにわたしの周囲の若者は情けないほどにか弱く繊細だ。弱さはきめ細やかな感受性とやさしさをともなうが、彼女はこう言う。自分が大学で教える日本人学生はとても「やさしい」、けれどもそれは弱点でもあると。本書の冒頭でも述べたように、中国語には「やさしい」に該当する単語がない。やさしいに近いことばとして、性格が温和温厚、善良、誠実であることをさすことばはあまたあるが、いずれも日本語の「やさしい」とは違う。日本語の「やさしい」とは、相手に対する思いやり、配慮を示すことばだと思うが、何がやさしいか、相手によっても状況によっても一定ではなく変幻自在でつかみどころがない。やさしいというファジーな語彙は中国というきびしい気候風土と社会のなかでは無用の長物である。生きるか死ぬか、そういった選択がごく身近にありつづけるなら、やさしさではなく、一杯の水、一膳の飯が具体的に要求され、提供される。

中国語を使う限り、有りか無しか、要か不要か、肯定か否定か、常に二者択一を迫られ中間はない。また親子であっても常に相手を「你《ニィ》（あなた）」、自分を「我《ウォ》」と明確に線を引き相手を客体化する。まだヨチヨチ歩きのわが子に母親が你と呼びかけることに違和感を覚えたことがある。日本語では自分のことなのかわが子のことなのか主語のない曖昧なもの言いをすることが多いが、中国語では物心つくころから、親からも「あなた」と呼ばれつづける。容赦なくきっぱりと線を引くこと、言語に如実にあらわれる思考法は他者との関わりにおいても曖昧さのない「強さ」として発揮される。

しかしながら矛盾しているようだが、わたしがひかれつづけるのは人がもつ強さではなく、「やさしさ」なのだ。このやさしさとは、飾りのように見栄えのよいやさしさ、ことばだけのやさしさではなく、直截的で有無をいわさぬ「やさしさ」、つまり、人を救う、助けるという根源的な行為が放つやさしさだ。農村では相手がお腹を空かしていないか、相手が困っていないか、瞬時に見極め手を差し伸べる、その見返りは相手からではなくやがて、同じように困ったときに他者から与えられることになる。大都会、上海ですら、道に迷ってキョロキョロしていると何人もの通りがかりの人が「どこに行きたいのかね？」と声をかけてくる。見知らぬ者同士がこうしたギブ・アンド・テイクを重ねることにより、コミュニティはセイフティ・ネットを張りめぐらし底力を保ちつづける。お節介すぎると煩わしさを感じることもしばしばだが、他者に関わろうとし、他者への好奇心を露にする人びとはおおらかで健やかだ。

言うまでもなく、フィールドワークは研究の方法であり、人との出会いもその渦中にあっては、インフォーマント（情報提供者）やホストファミリー、現地協力者との出会いと交流に限られていた。ただし、調査内の関係性を越えて深く付き合った人びとから受け取ったものは、研究という枠を超えてわたし自身に深く浸透し、わたし自身を大きく変えていった。研究は研究、と言い切れないほどにフィールドワークという方法は頭ではなく心の領域に染み込んでくる。デスクの上で資料を読み解くのとは異次元の体験なのだ。あらゆるサバイバル能力を駆使して恥もかきながら現地で生活するフィールドワークは、人を鍛え、人を成長させる。だが、多くのフィールドワーカーはそれを大切な個人的記憶として心のなかにしまっておく。相手のプライバシーや自分自身のプライドなど幾重ものガードゆえに、あの時、あの場所で心を揺り動かした出来事は永遠に当人の記憶のなかから外へ出ることはない。なんともったいないことであろう。

たとえば、あたりまえに暮らす日常のなかで不意に訪れる逆風に押しつぶされそうになることは誰しも経験するはずだ。なんとか不本意な現状を打開しようとどの扉を押しても引いてもびくともせず、思考は堂々めぐりし、しだいに自己嫌悪と人間不信に陥る。わたしの場合、これまでに遭遇したこの種の危機の際に、日常とはかけ離れた異国、中国での記憶、それも人びととの交わりの記憶がまざまざとよみがえってきた。思い出すと止まっていた血が体内を流れだすようにじんわりと身体にあたたかさが戻ってきた。

もちろん、中国社会はギブ・アンド・テイクの利害関係《グアンシー》の網の目が張りめぐらされたきびしい社会である。が、同時に、その関係の枠外にいる外国人のわたしを助ける必要も見返りもないにもかかわらず、「われわれは同じ人《レン》なのだから」というおおらかな善意で助ける底力をもっている。

中国のなかでも特に貧しいとされる農村で、数えきれないほどに差し伸べられた無償の助けがあった。二度と会うことはないとわかりきっている外国人に大切なひとつきりの器を差し出した山頂の廟の番人、そのような人びとの記憶はわたしに「人を信じよ」とささやきつづける。

あとがき

この本の原稿を書きはじめたのははるか昔のことで、数えると一七年も経ってしまった。もちろんその間にもフィールドワークはつづいていたので、書きはじめたころには影も形もなかった章が増え、以前あった章が消えたりもしている。ところが、長い年月のなかで、この書に登場する人物についての記憶はまったく風化しないばかりか、今になってますます鮮明に思い出されるのだ。どうもわたしは日常生活ではとても忘れっぽいのに、ある種の記憶については、牛のように反芻して、記憶を風化させないようにする癖があるらしい。

一九八〇年代以降の中国は「激動」という形容がぴったりではあるが、見た目の驚くべき変化に比して、人の変わらなさはこの国ならではのものだ。

ある人のある瞬間の表情やことばがずっと心に残りつづけることは誰しも経験することであろうが、それにしても一四章のなかに登場する人びとがここまで深く自分自身に根をおろしているとは……。

それらの色褪せることのない記憶を封印せず、誰かと分かち合いたいという強い気持ちが、「ここまで書いてよいのだろうか」というためらいに打ち勝ってしまった。今、中国を旅する人は本当に少ない。氾濫する情報と生身の体験の少なさ、ヴァーチャルな中国が肥大化するなかで、この小さな本をきっかけに、中国を自分の目で見てみようと思い立つ人がひとりでも生まれてくれればと思う。

序章にあるように、ある奇妙な依頼がきっかけとなってわたしのフィールドが決まった。しかし、さらにその前段があったことをここに書き添えておきたい。

幼いころ、わたしの記憶にあるのは会社から帰宅し夕食を終えるとすぐに机に向かい何かに夢中で打ち込んでいる父の背中であった。外国語大学で中国語を専攻したものの、日中間に国交はなく、製鉄メーカーに勤めていた父はコツコツと中国語を自習していた。一九七二年、日中国交が回復し、日本の商社がこぞって中国語人材を探しはじめたとき、父はすでに転職するには遅い年齢で、家族を抱えていた。が、周囲の反対を押し切り転職し、北京に駐在することになった。一九七三年というと文革の最中であり、気軽に中国の人たちと個人的関係を結ぶことのできない時代であった。また、書物のなかとは異なる中国の現実に幻滅もしたと想像する。紆余曲折はあったものの、父はその後一貫して中国と関わりながら家族を養ってくれた。

一九八八年、わたしがはじめて中国農村に調査に出かけると言ったとき、誰よりも強く反対したのは父であった。農村がどういうところか知っていたし、わたしの貧弱な語学力ではどうしようもないと思ったに違いない。反対を押し切って出かけて以後は、あらゆる知人の伝手を使って、わたしの身が安全であるよう手配してくれていた。実際には父の企業関係の人脈ではどうにもならなかったのだが、中国の実像を知る家族をもつことがどれほど心の支えになったかはかりしれない。

その言葉学びし故に隣国を祖の国のごと目守りておりぬ
欠損歯五つを数え激しかりし中国駐在を終わらんとする（井口克之）

父が残した短歌の多くが中国を詠んだものだ。ビジネスというきびしい世界にあったにしても、中国は人生のテーマでありつづけたし、ビジネスを超えて人と深く交わるのが父の流儀だった。そのテーマは形を変えてわたしに受け継がれたことになる。

執筆開始から一七年もかかってしまったが、そのおかげで当初は考えもしなかった幸運な出会いがあった。そのひとつが灯光舎の面髙悠さんとの出会いであり、もうひとつはイラストの登場である。イラストを少し入れてみようというアイデアから、面髙さんの強い希望もあり、イラストを積極的に入れる方針に変わった。イラストは写真よりも細部や強調したいことを示すことができるため、土地や暮らしの描写にとてもよい道案内となったのではないだろうか。若きイラストレーター、佐々木優さんの感性がこの漬かりすぎた古漬けのような書にみずみずしさを与えてくれたと感謝している。

最終章にあるように、「人を信じよ」というメッセージを杖として、これからも中国でのフィールドワークはつづいていく。

参考文献

【日本語】

井口淳子（一九九二）『書をかたる——中国北方農村の語り物音楽』（地球の音楽——フィールドワーカーによる音の民族誌 六〇）、東京：日本ビクター・ビクター音楽産業

井口淳子（一九九二）『影にうたう——中国北方農村の影絵芝居』（地球の音楽——フィールドワーカーによる音の民族誌 六一）、東京：日本ビクター・ビクター音楽産業

井口淳子（一九九九）『中国北方農村の口承文化——語り物の書・テキスト・パフォーマンス』、東京：風響社

井口淳子（二〇一九）『亡命者たちの上海楽壇——租界の音楽とバレエ』、東京：音楽之友社

深尾葉子・井口淳子（一九九二）『西風愁聴——黄土高原・漢族の民間芸能』（地球の音楽——フィールドワーカーによる音の民族誌 六二）、東京：日本ビクター・ビクター音楽産業

深尾葉子・井口淳子・栗原伸治（二〇〇〇）『黄土高原の村——音、空間、社会』、東京：古今書院

【中国語】

井口淳子／林琦［訳］／朱家駿［校訳］（二〇〇三）『中国北方農村的口傳文化——説唱的書、文本、表演』、厦門：厦門大学出版社

井口淳子／彭瑾［訳］（二〇二一）『流亡者們的楽壇——上海租界的音楽和芭蕾』、上海：上海音楽学院出版社

深尾葉子・井口淳子・栗原伸治／林琦［訳］（二〇〇七）『黄土高原的村荘——声音・空間・社会』、北京：民族

出版社
大橋毅彦・趙怡・榎本泰子・井口淳子［編］（二〇一五）『上海租界與蘭心大戲院——東西藝術融合交匯的劇場空間』、上海：上海人民出版社

〔装 幀〕

野田 和浩

［文］
井口 淳子（Junko IGUCHI）

専門は音楽学，民族音楽学。大阪音楽大学音楽学部教授。

大阪大学大学院文学研究科博士課程単位取得，文学博士。

主な研究テーマは中国の音楽・芸能，近代アジアの洋楽受容。

主な著書に『亡命者たちの上海楽壇——租界の音楽とバレエ』（2019年，音楽之友社），『中国北方農村の口承文化——語り物の書・テキスト・パフォーマンス』（1999年，風響社）など。

［イラスト］
佐々木 優（Yu SASAKI）

＊＊＊

送別の餃子《ジャオズ》
中国・都市と農村肖像画

二〇二一年一〇月三〇日　初版第一刷発行
二〇二三年一一月三〇日　初版第三刷発行

著　者　井口淳子
イラスト　佐々木優
装　幀　野田和浩
発行者　面髙悠
発行所　株式会社灯光舎
電　話　〇七五（三六六）三八七二
ＦＡＸ　〇七五（三六六）三八七三
印刷・製本　創栄図書印刷株式会社
用　紙　株式会社松村洋紙店

ISBN978-4-909992-01-7　C0098